아빠는 육아휴직 중

아이와 아내의
세상을
이해하는 시간

야마다 마사토 지음
양지연 옮김

아빠 야마다는 셋째 다카시의 출생을 계기로
2004년 10월 1일부터 2005년 10월 31일까지
한 달의 유급휴가와 일 년의 육아휴직을 사용했다.

차례

1장. 아빠는 육아휴직을 할 수밖에 없었다

D-200	육아에 도전합니다	012
D-180	남자가 애를 키운다고?	015
D-17	육아아빠의 고민 ① - 금남의 땅, 어린이집 입성기	020
D-day	아이의 출생이 모든 것을 바꾼다	025
D+5	아빠도 다 할 수 있다	031
D+15	육아 동기 사귀기	035
D+20	육아형 아빠로 변신 중	039
D+30	아빠들의 적이 되다	045
D+50	육아아빠의 고민 ② - 승진에 영향을 줄까?	049

2장. 무리하지 않는 아빠표 육아법

D+60	노로바이러스의 습격	056
D+65	응가 처리반	060
D+70	육아는 아빠도 성장시킨다	064
D+75	육아아빠의 고민 ③ - 육아 친구를 찾습니다	068
D+80	모유 수유 논쟁	072
D+85	육아휴직을 바라보는 세 가지 시선	075

D+90	육아아빠의 고민 ④ - 육아 우울증	079
D+100	무리하지 않는 육아	084
D+110	돌돌 말아 재우기	087
D+115	내 아이가 예쁜 주관적이고 객관적인 이유	091
D+120	세대분담 육아론	094
D+130	아내의 질투	097
D+135	육아아빠의 고민 ⑤ - 육아에 무관심한 아빠들	101
D+140	아내들이 퇴근한 남편에게 할 말이 많은 이유	105
D+145	육아에도 타이밍이 있다	108

3장. 아이와 가까워지는 시간

D+150	뿌리 깊은 편견	114
D+155	육아아빠의 고민 ⑥ - 어린이집 입소 시기	118
D+160	응급상황 대처 요령	122
D+170	봄은 만남과 이별의 계절	125
D+175	옹알이 번역기	127
D+180	육아아빠의 고민 ⑦ - 일과 육아, 둘 다 감당할 수 있을까?	131
D+185	소아과 풍경	133
D+190	아이의 마음은 갈대	136

D+195	어린이집 부모간담회	138
D+200	6개월 정기검진	142
D+210	장난감 전쟁	147
D+215	육아아빠의 고민 ⑧ - 육아의 훈장, 손목 건초염	151
D+220	사랑이란 이런 걸까?	156
D+230	아이가 셋이면 기쁨도 세 배	160
D+255	아빠는 패션 테러리스트	164

4장. 아이와 함께 자라는 부모

D+260	육아휴직을 연장해야 할까?	170
D+270	비 오는 날 우비는 필수품	173
D+275	잠옷 분실 사건	177
D+280	육아아빠의 고민 ⑨ - 복불복 취침 시간	180
D+285	따끔한 충고	186
D+290	아내에게 해서는 안 되는 말	189
D+295	호빵맨과 피카츄	191
D+300	쌍둥이 기저귀 떼기	194
D+305	세 살 에코의 첫사랑	199
D+310	9개월 정기검진	205

D+315	공무원 스타일	210
D+320	보육지원센터 방문기	213
D+325	아내의 직장생활	217
D+330	가족 여행	223
D+335	육아아빠의 고민 ⑩ - 육아휴직 말년에 닥친 몇 가지 걱정거리	228

5장. 육아의 사회적 가치

D+340	복직 준비	234
D+345	육아아빠의 고민 ⑪ - 국공립 어린이집 VS 민간 어린이집	237
D+350	형제 사이	242
D+355	아이를 낳지 않는 이유	246
D+365	어린이집 적응 훈련	250
D+370	육아아빠의 고민 ⑫ - 남녀 육아기회 균등법	254
D+380	육아휴직이 끝났습니다	262

마치며	266
후기　육아휴직 이후의 달라진 삶	268
옮긴이의 말	277

# 1 아빠는 육아휴직을 할 수밖에 없었다

D-200
육아에 도전합니다

곧 태어날 셋째를 위해 육아휴직을 하기로 결심했다. 그것도 1년을 꽉 채워서.
셋째가 생겼다는 사실을 알게 된 날 나는 "오, 정말? 세상에!"라고 소리치며 뛸 듯이 기뻐한 반면, 아내는 "흠, 글쎄." 라며 왠지 떨떠름한 표정을 지었다. 뭐지, 이 미지근한 반응은? 아이가 생겼는데 기쁘지 않은 건가? 좋은 일 앞에서 괜히 시비 걸지 말자. 쑥스러워 그런 건지도 모르니까.
며칠 뒤 임신 사실을 부모님께 말씀드렸다. 아버지의 반응은 예상대로였다.
"오, 정말 축하해. 정말 잘됐네, 잘했어!"
그런데 어머니의 반응은, "흠, 임신이야 축하할 일이지만 글쎄, 앞으로 힘들어지겠구나."
뭐지? 또 '글쎄'가 나왔다. 아내만 그런 게 아니었다. 심지어 누나는 한발 더 나갔다.
"축하한다고 해야 하나, 글쎄."
왜 여자들의 반응은 하나같이 '글쎄'인 걸까?
열 달이 지나고 나는 '글쎄'의 진짜 의미를 깨달을 수 있었다. 그때까지 나는 '애 키우기 힘들다'는 명제를 단순히 머리로만 이해하고 있었던 셈이다.

우리 부부는 1991년 같은 대학 같은 과를 졸업하고 같은 직장에 들어온 입사동기이다. 이듬해에 결혼을 했고 그 후 10년 동안 아이가 생기지 않아서 마음고생을 하다가 2002년에 쌍둥이를 낳았다. 쌍둥이 때는 아내가 육아휴직을 했다. 엄마가 육아휴직을 하는 게 당연했고 아내도 별 거부감이 없었다. 부부 중 누가 육아휴직을 하고 아이를 양육할 것인지는 대화 주제로 거론된 적조차 없었다.
아내는 출산휴가와 육아휴직 중에도 그리고 복직한 후에도 어머니와 누나의 도움을 받으며 일과 육아에 전념했다. 그렇게 두 아이가 무럭무럭 자라고 셋째 아이를 임신하기 전까지 2년 6개월(쌍둥이 임신 기간까지 친다면 3년 4개월) 동안 세 여자(아내, 어머니, 누나)는 끝이 없는 육아 부담으로 지칠 대로 지쳐 있었다. 이제 한숨 좀 돌려볼까 하는데 덜컥 셋째가 생긴 것이다.
"뭐, 힘들겠지. 그래도……."
"지금 맡은 일, 올가을이 가장 중요한 시기야. 딱 출산할 무렵이라고. 알기나 해?"
"그거야 뭐."
임신 사실을 알고 우리 부부는 이런 대화만 되풀이 했다.

아내가 육아휴직을 하는 것도 선택지 중 하나이긴 했다.
하지만 육아휴직을 마치고 복직한 지 2년밖에 안 됐는데
또 휴직을 하는 것은 공평하지 못하다는 생각이 들었다. 게다가
아내 입장에서는 복직하고 이제야 업무가 다시 손에 익어가던
참이었다. 셋째 때에는 육아휴직은커녕 출산휴가도 쓰고 싶지
않은 것처럼 보였다.
반면에 난 중요한 프로젝트를 끝내고 다른 보직으로 옮긴 지
얼마 되지 않았고 새로 맡을 업무는 아직 시작 전이다. 나와
아내 중 회사 업무를 놓고 봤을 때 어느 쪽이 더 급박한가를
따진다면 이번에는 아내의 손을 들어줘야 했다.
그러나 업무의 효율성만을 따져 누가 육아휴직을 할지 판단할
수는 없다. 태어날 아이를 누가 더 잘 돌볼 수 있느냐가
중요하다. 그렇게 보면 아내가 적합하다(라고 생각했다). 두 살 난
쌍둥이도 엄마한테만 달라붙는다.
그런데…. 아이를 키우는 일이 정말 엄마만의 고유한 일일까.
노력한다면 나도 할 수 있지 않을까. 한 번 도전해보고 싶었다.

D-180
남자가 애를 키운다고?

결심을 하고 나서 우선 아내에게 말했다. 지금까지 많은 얘기를
나눴던 터라 별다른 이견은 없었다.
집안에서 일어난 첫 번째 변화는 쌍둥이의 반응이다. 일보다
육아를 택한 아빠의 결심이 쌍둥이에게도 전해졌는지, 아이들은
전보다 훨씬 아빠를 따르기 시작했다.
결심한 지 이틀째 되는 날 딸아이(에코)의 갑작스러운 발언에
깜짝 놀랐다.
"오늘은 아빠랑 잘래!"
그러고는 아침까지 내 이불에서 함께 잤다. 이런 일은 처음이다.
다음으로 동료들에게 육아휴직 구상을 넌지시 내비쳤다. 여자
동료들은 아이가 있든 없든 모두 호의적이다. 아내의 친구들은
극찬했다. "훌륭한 남편이네."
반면 남자 동료들의 반응은 정반대였다. 지방자치단체에서
일하는 친구는 대놓고 겁을 주었다.
"너희 직장은 합리적인 편이라 너그러울지 모르지만 여기는
남자가 육아휴직 신청했다간 바로 아웃일 걸. 일할 생각 없는
놈으로 낙인찍어 버리는 게 이 조직의 상식이야."
그런데 이 말을 듣고 오히려 육아휴직 결심이 확고해졌다.

내가 육아휴직을 한다면 나뿐만 아니라 다른 조직의 '상식'을
뒤엎는 계기가 될지도 모른다는 생각이 들었다.
남녀평등이라는 말이 나온 지가 언젠데 육아휴직을 고민하는
사람은 많아도 실제로 육아휴직을 한 남자는 한 명도 본 적이
없다. 막상 육아휴직을 하려면 부딪쳐야 할 장애물이 한둘이
아니기 때문이다. 내가 내딛은 작은 걸음이 단순히 우리 가족의
미래를 바꾸는 데 그치지 않고 새로운 시대를 여는 데 도움이
될 것이다, 라며 한껏 거창한 의미를 부여했다. 지금 돌아보면
결국 뭣모르고 겁 없이 덤빈 꼴이다.
마침내 직장에 얘기했다. 우선 같은 팀 선배에게 말했다.
"이미 마음을 정한 건가?"
그렇다고 고개를 끄덕였다.
"육아휴직은 권리니까. 멀리 보면 경력에도 도움이 될 거야.
육아휴직을 하려는 이유도 이해가 되고."
긍정적인 반응이다.
다음날 인사팀에서 '육아휴직 승인. 수속 진행 바람'이라고
연락이 왔다.
예상 외로 순조로운 진행이라 솔직히 김이 좀 샜다.
그 후 기회가 있을 때마다 육아휴직 소식을 업무 파트너와
지인에게 알렸다.

"야마다 씨가 없으면 일이 힘들어지겠네요. 하지만 애 키우는
일도 만만치 않을 거예요. 열심히 하세요."
지인들의 반응은 호의적이었다.
한편 철없는 친구 녀석의 황당한 반응도 있었다.
"좋겠네. 모처럼 재충전할 수 있는 기회잖아. 애만 볼 게 아니라
그 기간을 어떻게 활용할지도 잘 생각해 봐."
"뭐야, 애 키우는 게 쉬운 줄 알아! 다른 일을 어떻게 해. 애 낳고
육아휴직하는 여자에게 '그 기간을 어떻게 쓸지' 묻지는 않잖아.
육아를 재충전이라고 보는 시각부터가 잘못된 거라고."
이것이 세상 남자들이 얼마나 육아를 가볍게 인식하고 있는지
실감한 첫 사례다.
육아휴직 얘기가 알려지자 "그래도 가끔은 나올 수 있지?
시간 나면 한잔 하자"는 사람이 많았다. 1년 동안 못 만날 테니
종종 얼굴이라도 보자고 한다. 하지만 아내의 생각은 달랐다.
"좋은 선배를 두셨네. 왜 남자들은 육아휴직을 한다면서
술 마시러 나갈 생각부터 하는지 모르겠어. 술 마시러 나간
사이에 애는 누가 봐? 그건 엄마가 집에 있다는 전제인 거야?
육아휴직한 여성에게 한잔 하자고 말하는 사람은 아무도 없어.
똑같이 육아휴직을 하는 건데."
분명 맞는 말이다. 앞으로 1년간 아내가 밤이면 밤마다 회식이

있다고 늦게 귀가하는 모습을 상상해봤다. 쌍둥이가 태어났을 때 내가 그랬다.

그런데 이제 아내가 매일 밤늦게 들어오는 모습을 상상하니, 선배의 권유를 받아들였다가 치를 대가가 도저히 엄두가 나지 않는다.

D-17

육아아빠의 고민 ①
금남의 땅, 어린이집 입성기

육아휴직을 결심한 이상 아이를 키우는 일에만 집중하기로 했다. 아내의 출산예정일은 2004년 11월 2일이지만 예정일 몇 주 전에 제왕절개를 하기로 했다. 제왕절개를 한 경험이 있는 산모는 자연분만에 성공할 확률이 낮고 위험도 따르기 때문이다.

출산을 코앞에 둔 아내는 쌍둥이를 돌보는 데 한계가 있었다. 불룩한 배로 40킬로그램 가까이 나가는 쌍둥이 유모차를 밀고 다니는 건 예삿일이 아니다. 수술 날짜가 정해졌고, 이제 언제라도 애가 나올 수 있는 상황이다.

나도 갑작스레 출산에 맞닥뜨리기보다는 출산 전에 나름대로 집안일과 육아를 미리 배워야 할 것 같았다. 유급휴가가 40일 정도 남아서 10월 1일부터 한 달 동안은 유급휴가를 쓰고 11월 1일부터 1년간 육아휴직에 돌입하기로 했다.

복직을 최우선으로 고려한다면 4월부터 시작하는 어린이집 신학기에 맞춰 3월 말까지 5개월간 휴직을 하는 게 최선이다. 하지만 태어난 지 반년도 안 된, 제대로 앉지도 못하는 아기를 어린이집에 맡긴다는 게 영 내키지 않았다.

앞으로 일 년 동안 책임감을 갖고 아이를 돌봐야지.
10월부터 휴가가 시작됐다. 맨 먼저 아내를 대신해 쌍둥이의
어린이집 등원을 맡았다. 아이들이 어린이집을 다니기 시작한 지
1년 6개월이 지났지만 그동안 내가 어린이집에 간 적은
열 손가락 안에 꼽을 정도다. 그런 아빠가 아침저녁으로 매일
드나드니 선생님들이 이상하게 생각하는 게 느껴졌다. 그것도
양복 차림이 아니라 캐주얼한 복장이었으니 말이다.
"아버님, 출근은?"
"벌써 퇴근하셨어요?"
만나는 선생님마다 한마디씩 묻는다.
그때 분명히 설명해뒀으면 좋았을 테지만, 나는 육아휴직을 한
경위를 시시콜콜 설명하는 것이 성가셨고 무엇보다 쑥스러워서
얼른 도망치고 싶었다.
"네, 뭐…." 하고 얼버무리며 모호하게 대답하고는 뛰쳐나왔다.
그러는 사이,
"아버님, 시간제 휴가를 사용하시나봐요?"
한층 날카로운 질문이 날아든다. 아마 '정리해고 당한 건가?'
이런 생각까지 했을지 모른다. 직업이 없으면 아이를 맡길 수
없는 것이 국공립 어린이집의 규정이다.
10월은 육아휴직이 아니라 연차휴가이다. 시간제 휴가는

연차휴가를 시간 단위로 쓰는 것이니 틀린 말은 아니다. 여태껏 애매모호한 태도였다가 이제 와서 육아휴직을 했다고 말하기도 어색해서, "네, 맞습니다." 라고 대답해버렸다. 어차피 거짓말은 아니니까.

한번은 애들을 데리러 갔는데 결국 원장선생님의 호출을 받고야 말았다.

"어머님은 무슨 일 있으세요?"

미소를 짓고 있지만 눈빛은 날카로웠다.

"이제 배가 많이 불러서 집에서 쉬고 있습니다."

"아버님은 시간제 휴가를 쓰신다고요?"

"네."

"엄마가 출산휴가를 사용하는 기간 동안에는 아이들을 4시 반에 데리러 오셔야 해요. 하원 시간 연장은 맞벌이 부부를 위한 배려니까요."

"애들 엄마가 배가 많이 불러서 몸이 많이 힘듭니다."

오후 4시 반부터 제 몸조차 가누기 힘든 임신부와 쌍둥이를 돌볼 생각을 하니 끔찍하다. 앞으로의 집안일과 육아를 생각해도 이 두 시간은 양보할 수 없었다.

"에코와 겐토도 동생이 태어나는 시기에는 많이 민감해져요. 엄마랑 가능한 오래 시간을 보낼 수 있도록 해주세요."

어린이집에서 만난 사람은 선생님이든 학부모든 모두 여자입니다.

아이들의 마음을 배려한 요구에는 더 이상 할 말이 없어졌다. 이렇게 해서 다음 날부터 더 일찍 아이를 데리러 가게 됐다. 덕분에 에코랑 겐토만 신이 났다. 선생님들은 '에코 아버님은 매일매일, 그것도 오랫동안 시간제 휴가를 쓸 수 있나 보다'라고 생각했을지 모른다. 그런 것도 제대로 설명하지 못할 정도로 나는 어린이집에 갈 때면 주눅이 들었다.

어린이집에서 만나는 사람은 선생님이든 학부모든 모두 여자다. 그 '여인천하'에서 한시라도 빨리 벗어나고 싶었다. 그래서 인사만 겨우 하고 준비가 끝나는 대로 쏜살같이 도망쳐 나왔다. 아마 선생님이나 다른 엄마들에게는 어딘가 좀 이상한 사람으로 비쳤을 테지.

D-day
아이의 출생이 모든 것을 바꾼다

드디어 아내가 입원하는 날. 셋째아이의 태명은 '히나짱'(병아리를 귀엽게 부르는 말-옮긴이)이다.
"엄마는 히나짱이 곧 태어날 거라서 내일부터 병원에 있어야 해. 당분간 할머니랑 아빠랑 같이 지내자."
에코와 겐토에게는 전날 미리 말해두었다.
아이들은 지금까지 한번도 엄마와 떨어져 지내본 적이 없다.
며칠 사이에 아빠랑 부쩍 친해지기는 했지만 엄마 없이 밤을 보낼 수 있을까. 쌍둥이와 나, 우리에게 첫 시련이 닥친 셈이다.
아내와 병원 앞에서 헤어지기로 했다. 두 아이와 떨어질 생각에 아내가 갑자기 펑펑 울기 시작했다. 그와는 달리 두 아이는 의외로 담담하다. 오래전부터 틈날 때마다 동생이 태어난다고 말해 두어서 그런가 보다. 병원을 나오고 나서 차 안에서 우는 게 아닐까 걱정했는데 그렇지도 않다. 집에 돌아올 때까지 멀쩡했다.
전날 밤에 할머니랑 있기 싫다고 투정부리던 에코가 그런 기색은 눈곱만큼도 없이 할머니와 손잡고 잠을 잤다.
그리고 다음 날 아내는 분만실로 들어갔다.
수술 시간이 예상보다 길어져 애가 탔다.

"무슨 일 생긴 거 아냐?"
긴 기다림 끝에 아기침대에 누운 히나짱이 엘리베이터를 타고 내려왔다. 산소가 부족한지 손발이 보라색이다. 호흡도 가빠 보였다. 얼굴 가까이에 산소 발생기가 놓여 있었다. 괜찮을까.
"괜찮아요."
기쁨과 걱정으로 분주하게 달뜬 내게 간호사가 말했다. 내게는 특별한 순간이지만, 간호사는 일상적인 업무 중 하나에 불과하겠지.
남자아이. 2004년 10월 18일생. 2.78킬로그램. 얼굴과 몸이 온통 기름기 투성이다. 그래도 표정은 편안해 보였다.
"앞으로 1년간 잘 부탁해. 아빠가 옆에서 지켜줄게."
나도 모르게 이 말이 튀어나왔다.
집으로 돌아와 에코와 겐토에게 동생을 찍은 비디오를 보여줬더니 "얘가 히나짱이야?" 하고 진지한 얼굴로 묻는다. 아이들도 동생이 태어난 걸 실감하는 것 같다.
엄마가 입원해 있는 동안 에코와 겐토는 갈수록 할머니와 친해졌다. 처음에는 목욕할 때 "아빠랑!" 이라고 외치더니 며칠 지나자 "할머니가 좋아." 한다.
이 녀석들아, 앞으로 아빠랑 할머니 중에 누구와 더 오래 지내야 하는지 생각해 봐!

푸딩, 동화책, 토마스 기차가 그려진 티셔츠 등 할머니가
쏟아내는 물량공세가 통한 것이다. 할머니도 한집에서 지낸
일주일 동안 손주에 대한 애정이 깊어진 것 같다.
하나 더, 쌍둥이의 행동에도 변화가 생겼다. 엄마랑 헤어져
지내면서 자립심 비슷한 게 생긴 것이다.
"내가 할래요!"
집에 돌아오면 스스로 양말과 신발을 벗는다. 귤도 직접
까먹는다. 지금까지는 엄마가 해줬던 일이다. 아빠가 미덥지
못해서인지 이제 엄마로부터 자립하려고 하는 건지 아무튼 꽤
의젓해졌다.

출산 후 맞은 첫 주말에 에코와 겐토를 데리고 병원에 갔다.
히나짱과의 첫 만남이다. 아기들이 열을 맞춰 누워 있는
신생아실로 갔다.
"얘가 히나짱?"
"응."
"그럼, 얘는?"
옆에 누워 있는 아기를 가리킨다.
"그 애는 히나짱 친구야."
자기들이 쌍둥이여서 이번에도 두 명의 아기가 태어나는 줄

알았나?

엄마가 있는 병실에서는 침대 위로 올라가 어리광을 부리긴 했지만 집에 가자고 하니 군말 없이 따른다. 엄마를 보고 응석이 폭발해 헤어지기 싫다고 떼쓰면 어쩌나 걱정했는데 기우였다. 아기 이름을 뭘로 할지 고민하는 사이에 출생신고 기간이 다가왔다. 쌍둥이에게 의견을 물었다. 히나짱이란 태명을 마음대로 바꿨다가 나중에 왜 그랬냐고 징징대면 곤란하니까.

"에코, 겐토. 동생을 계속 히나짱이라고 부를 순 없잖아."

"왜?"

"그게 그러니까, 히나짱은 엄마 배 속에 있을 때 부르던 이름이거든. 뭐 다른 좋은 이름 없을까?"

"난, 호빵맨."

"겐토, 호빵맨은 좀…."

"그럼, 카레빵맨."

이대로 대화를 이어가봤자 호빵맨 만화에 나오는 캐릭터 이름만 줄줄이 나오겠지. 이번엔 에코 의견을 들어보자.

"난 히나짱이 좋아."

"안 된다고 했잖아. 히나짱은 배속에 있을 때 이름이라니까!"

"그럼, 난 다마고(달걀)가 좋아."

"…."

결국 이것저것 고민한 끝에 높은高 뜻志을 지니고 살아가기
바란다는 소원을 담아 다카시高志로 결정했다. 쌍둥이한테도
의견을 물었으니 결정한 내용을 보고하고 승인을 받는 게
맞겠지. 목욕하기 전에 두 아이를 나란히 앉혔다.
"할 말이 있습니다. 에코와 겐토 의견을 듣고 아빠와
엄마도 열심히 생각해 봤습니다. 아기 이름은 '높은 뜻을
지니고 살아가라'는 바람을 담아 '다카시'로 짓고 싶습니다.
어떻습니까?"
"다카시? 알았어." 에코의 대답.
"응." 겐토의 대답.
어쨌든 결정은 난 것 같다.

D+5
아빠도 다 할 수 있다

....

퇴원하는 날 처음으로 다카시를 안아봤다. 10킬로그램이 넘는 쌍둥이를 안는 데 익숙해서 그런지, 다카시는 무척 가볍게 느껴졌다. 그런데 목이 흔들흔들 한다.
"목을 가누는 데 두세 달은 걸렸었지."
쌍둥이 때는 퇴원하자마자 바로 외갓집으로 가서 그다지 기억에 남는 게 없다.
다카시는 자동차 베이비시트에 파묻혀 있다.
"베이비시트에 푹 박혔는데 괜찮을까?"
뒷좌석에 함께 타고 있던 아내가 묻는다.
난 운전 중이잖아. 뒷좌석을 어떻게 봐.
"쌍둥이는 더 작았는데 아무 일 없었잖아. 혹시 위험해 보이면 얘기해. 집에 도착해서 애가 이상하면 큰일이니까."
모든 게 불안하기 짝이 없다.
집에 와서 다카시를 아기 침대에 눕혔다. 갓난아이가 들어오니 집안 공기부터 달라졌다. 어쩐지 신선하고 긴장된 분위기이다.
5인 가족의 탄생! 빨리 온 가족이 모이고 싶어서 평소보다 일찍 에코와 겐토를 데리러 어린이집으로 갔다.
5인 가족의 새로운 생활이 시작됐다. 아내는 모유 수유에

전념하고 있다. 축 늘어진 채 도무지 다른 일은 할 엄두를
못낸다.
다카시는 태어난 지 얼마 안 돼서 그런지 정말로 잘 잔다.
3시간마다 깨서 젖을 먹고는 또 잔다. 오로지 엄마 젖만 먹는다.
내 첫 임무는 기저귀 갈기.
이렇게 자주 싸도 될까 싶을 정도로 볼 때마다 기저귀에 병아리
그림이 나타난다. 쉬를 했다는 표시다. 기저귀를 갈고 잠깐 눈을
돌린 사이에 병아리 그림이 다시 나타나기도 한다. 기저귀를
열면 약간 시큼한 냄새가 날 뿐 많이 젖은 것 같지는 않다.
"이 정도면 안 갈아도 괜찮겠지?"
기저귀 값을 생각하면 조금 더 기다렸다가 갈고 싶어진다.
하지만 아내가 일어나 기저귀에 병아리 그림이 있는 걸 보면
"역시, 당신은 안 돼." 할 게 뻔하다. 자, 갈자.
신생아 기저귀를 갈 때 가장 주의할 점은 응가이다. 신생아의
대변은 액체 상태인데 가끔씩 기저귀를 갈고 있는 동안 응가를
할 때가 있다. 아무런 예고도 없이 불시에 항문에서 "뿡, 뿡,
뿌웅…" 하고 튜브 용기에서 머스터드 소스가 나오듯 힘차게
뿜어져 나온다.
새 기저귀를 헌 기저귀 밑에 깔아두는 게 요령이라고 아내가
알려줬다. 불시의 공격에도 새 기저귀를 더럽히지 않고 방어할

수 있으니까.

목욕도 물론 아빠의 일이다. 부엌 싱크대에 아기 욕조를 놓고 뜨거운 물을 받은 후 다카시의 옷을 벗긴다. 목을 가누지 못하니 조심해야 한다.

발가벗겨 놓으면 다카시는 정말 작다. 피부도 축 처져 있다. 텔레비전 광고에서 보던 통통한 아기에 비하면 너무 빈약하다. 아직 살이 안 올라서 그렇겠지?

남자는 손이 커서 신생아의 머리와 몸을 한 손으로 받칠 수 있다. 적어도 목욕만큼은 아빠가 더 잘할 수 있는 일이다. 드디어 내가 아내보다 잘할 수 있는 일을 발견했다.

며칠 지나자 다카시의 팔다리가 볼록볼록해지면서 살이 붙기 시작한다. 퇴원하고 일주일이 되던 날 다카시의 배꼽에 붙어 있던 탯줄이 톡 떨어졌다. 이런 일 하나하나가 아이가 잘 자라고 있음을 보여주는 징표 같아 가슴이 벅차오른다.

다카시의 탯줄이 떨어진 날, 아내가 병원 진료를 받기 위해 출산 후 처음으로 외출을 했다. 다카시와 단 둘이 집에 남겨지긴 처음이다.

아내가 나가자마자 다카시가 울음을 터트렸다. 아마도 배가 고파서겠지. 아내가 아침에 유축해 둔 모유를 냉장고에서 꺼내 데웠다.

'젖병을 안 물면 어떡하지?'
순간 걱정이 머리를 스쳤다. 하지만 내치지 않고 잘 빨아 먹었다.
'아빠가 해도 되네!'
그런데 모유를 다 먹은 다카시가 다시 울기 시작했다. 아직도
배가 고픈가? 분유를 타서 주었다.
'분유를 안 먹으면 어떡하지?'
불안이 다시 스쳤지만 역시 거부하지 않고 잘 먹었다.
'휴, 다행이다.'
다카시의 생명은 이제 아빠의 두 손에 달려 있다. 다카시한테
없어서는 안 될 존재라고 생각하니 비장한 기분마저 든다.

D+15
육아 동지 사귀기

아내는 세 시간마다 수유를 하느라 늘 수면부족 상태다.
두통도 생겼다. 자궁에서 분비물도 계속 나오고 몸이 아직
회복되지 않은 상태다.
평일 낮에는 에코와 겐토가 어린이집에 가 있어서 아내도
다카시도 푹 쉴 수 있다. 하지만 주말이면 집안이 난장판이
된다. 한창 자랄 나이인 두 아이는 가만히 있질 않는다. 두
아이가 떠들기 시작하면 다카시가 깨서 운다. 그러면 아내도
깨고 만다.
어쩔 수 없이 에코와 겐토를 데리고 아파트 단지 안 놀이터로
놀러 나갔다.
같은 아파트에 사는 어린이집 친구 린타로와 린타로 엄마가
때마침 지나갔다.
"애들이 하도 떠들어서 데리고 나왔어요. 애 엄마도 다카시도
잠을 못 자서요."
그랬더니 린타로 엄마가 흔쾌히 초대한다.
"괜찮으면 저희 집으로 놀러오세요."
오, 이렇게 고마울 수가! 구세주가 따로 없다.
린타로 아빠는 집에 없었다. 린타로, 에코, 겐토는 셋이서 신나게

논다. 린타로 엄마가 내온 차를 마시며 서로 아이들의 장점을
칭찬하기도 하고 육아 정보를 공유하기도 하는 등 이런 저런
얘기를 나눴다.

육아맘들의 사교 모임이 이런 건가? 에코와 겐토도 즐거워
보였지만 나 또한 즐거웠다. 린타로 엄마를 '육아 동기'라고
불러야 할지 '육아 선배'라고 불러야 할지 모르겠지만 어쨌든
내게도 육아 이야기를 함께 나눌 친구가 생긴 것 같다. 육아의
세계에 한발 더 다가선 느낌이라고 할까.

어린이집 등하원도 점점 익숙해졌다. 다른 아이들이나 부모,
어린이집 선생님과도 이런저런 잡담을 나누게 되었다.

"해가 일찍 지네요."

"아침저녁으로 많이 추워졌어요."

이런 소소한 얘기를 나누는 게 도대체 얼마만인가.
이런 편안한 소통 속에서 사람과 사람 사이의 관계도 쌓여간다.
사회인이 되고 나서는 이웃 사람들과 대화할 일이 거의 없었다.
육아휴직을 하기 전까지 어린이집에 아이들을 데려다 줄 때면
'회사 지각하면 안 돼', '잊어버린 건 없지' 등 정신없이 후다닥
줄달음쳤다. 그런 상태로는 사람들과 제대로 마음을 나눌 수
없다.

한번은 집에 가려는데 원장선생님이 불렀다. 갑자기 온몸이

경직됐다. 지난 번에 퇴원 시간 문제로 주의를 받은 이후에는
만나는 게 껄끄러워 가능한 한 마주치지 않으려 했다.
"어제 할머님한테서 예쁜 엽서를 받았어요."
어린이집에서 경로의 날(노인을 공경하는 날로, 9월 셋째 주 월요일을
공휴일로 정하고 있다.-옮긴이) 카드를 받은 감사 인사로 어머니가
맛있는 배가 그려진 그림엽서를 보냈다고 한다. 그 배 그림을
아이들이 무척 좋아했다는 얘기다. 원장선생님과의 관계 회복을
위한 절호의 기회를 가져다 준, 뜻하지 않은 구원의 손길이었다.
그 후로는 원장선생님과도 자연스럽게 이런저런 얘기를 나눌 수
있게 되었다. 원장선생님도 에코, 겐토와 동갑인 손자가 있다고
했다.
"이 신발 좋아요. 나도 똑같은 토끼 그림 신발을 손자한테
사줬어요."
원장선생님이 말을 건다.
어린이집 관리자로서 얘기할 때에는 조금 딱딱한 얼굴이지만
손자 얘기를 할 때는 평범한 할머니가 된다.
어린이집에 대한 인식 변화도 어린이집을 한층 편하게 느끼게
했다. 어린이집에 직접 들락거리지 않을 때에는 아내가 왜
어린이집 선생님들을 그토록 신경을 쓰는지 전혀 이해하지
못했다.

'어린이집 보육은 주민세를 내고 있는 시민의 당연한 권리이다',
'주민을 위한 서비스인 만큼 우린 고객인데 왜 신경을 쓰냐.'
이런 의식이 마음속에 있었던 것 같다.

하지만 국공립 어린이집의 보육 수준을 눈으로 확인한 뒤로는 생각이 달라졌다. 오랜 기간 아이들을 돌봐 온 노련한 선생님이 성심성의껏 보살피고 있었다. 식사도 간식도 장난감도 직접 손으로 만든다. 매일 산책을 나가고 텔레비전은 전혀 보여주지 않았다. 부모가 데리러 올 때까지 그림 연극을 보여주기도 한다. 입춘이나 히나마츠리(3월 3일에 여자아이의 건강과 행복을 기원하는 일본의 전통 풍습-옮긴이) 같은 세시풍속도 챙겼다. 내가 집에서 아이들과 함께 할 수 있는 수준을 훨씬 뛰어넘는다.

그러나 원한다고 모두가 국공립 어린이집에 다닐 수 있는 것은 아니다. 동네마다 어린이집 정원이 꽉 차서 대기자가 줄을 섰다고 한다. 정말로 출산을 장려한다면 마음 놓고 아이를 맡길 수 있는 시설을 늘리는 것이 먼저다.

D+20
육아형 아빠로 변신 중

출산휴가 중에도 아내는 가끔 일하러 나갔다. 휴가 전부터 맡았던 일이라 신경이 쓰인다고 한다. 아무래도 빨리 직장에 복귀하고 싶은가 보다.
다카시는 여전히 하루의 대부분을 잠을 자며 보낸다. 아직 외출은 무리다. 아내가 나간 동안에는 쭉 다카시랑 집에서 보내야 한다.
"집에서 애랑 셋이 있으면 숨이 막혀. 우울증 걸릴 것 같아."
쌍둥이가 꼭 다카시만했을 적에 아내가 했던 말이 떠올랐다. 막상 내가 당하니 내 맘대로 나갈 수 없다는 게 이렇게 괴로울 수 없다. 육아를 완전히 얕보고 있었다. 젊은 엄마들이 이 고통을 견디지 못하는 것도 당연하다.
'스물다섯 살 넘으면 재고'라며 혼기가 지난 여성을 팔다 남은 크리스마스 케이크에 비유했던 이전 세대 여성들은 사회에 나오자마자 결혼을 하고 애 낳아 키우는 인생을 강요당했다. 그러나 지금은 그때와 다르다. 1인 가구가 꾸준히 늘고 있고, 어학연수나 세계여행을 통해 새로운 문화를 접할 수 있는 통로도 비교할 수 없을 정도로 늘어났다. 그러니 출산과 함께 외부 생활과 격리되어 집에서 아기랑 단둘이 마주보고 있어야 하는 단절감은 견디기 힘들 것이다. 물론 즐거움도 분명히 있지만, 생활의 단조로움에서 오는 피로는 예상을 훨씬 뛰어넘는다. 남자도 여자도 똑같다. 육아는 엄청난 변화일 수밖에 없다.

매일매일 식단을 짜는 일도 꽤나 성가신 일이다. 예전에 어머니가 저녁 시간만 되면 "오늘은 뭐 해 먹을까?"라며 한숨을 쉬던 모습이 새삼 떠오른다.

어린이집에서 돌아오는 길에 마트에 들른다. 늘 똑같은 식재료가 진열되어 있다. '육아휴직으로 수입이 줄어들었으니 알뜰하게 생활해야지.' 결국 꽁치, 고등어, 삼겹살, 닭다리 같은 지난번에도 구입한 재료들만(항상 할인 행사중인 재료들 말이다) 또 사게 된다.

결국 다른 주부들처럼 마트에서 주는 전단지를 유심히 보게 됐다. 역시 할인상품을 사는 게 가장 합리적인 선택 근거다. 육아휴직을 한 이후에 사무실에서 일하는 꿈을 꿔 황당했던 적도 있다. 인간은 역시 사회적 동물이다. 휴직하고 나서는 하루 종일 이야기 상대가 다카시뿐이다. 밤이 돼야 그나마 아내와 대화를 나눌 수 있다. 그러니 자연히 꿈속에서 활로를 찾기 시작한 것 같다.

꿈속에서 빠릿빠릿하게 일하는 내 모습은 정말 멋지고 즐거워

보인다. 육아도 한 사람의 인간을 키우는 사회적으로 의미 있는
일이잖아. 지금은 육아휴직 기간이야, 육아에 충실하자. 늘 이
말을 머릿속에 주입하지만 마음속에서는 사회와 격리된 초조감
때문인지 일에 대한 의욕이 마구 솟아난다.
주위의 시선도 신경이 쓰인다. 계속 집에 있으니 굳이 말 안
해도 육아휴직을 하고 있다는 소문이 이웃에 퍼졌다. 솔직히
아파트 경비아저씨는 조금 더 신경이 쓰인다. 경비아저씨는
항상 웃는 얼굴에 친절한 분이다. 일도 성실하게 열심히 한다.
관리인으로서는 더할 나위 없이 좋다. 하지만 만날 때마다
"좋겠네요. 휴가가 길어서." 라는 말을 들으면 뭔가 울컥한
기분이 든다.
나쁜 뜻이 없다는 것은 잘 안다. 그 또한 남성 중심 사회에서
오직 일만 해 왔을 터이고, 60세 넘어서도 일을 하고 있으니
분명 일을 좋아하는 분이겠지. 그런 분이 보기엔 멀쩡한 남자가
한가하게 휴직이나 하냐고 생각할지도 모르겠다.
얼마 안 돼 새내기 아빠의 어리숙함을 드러내는 사건이 터졌다.
출산 후 처음으로 아내가 밤에 모임에 나간 날이었다.
혼자서 갓난아기와 두 살배기 쌍둥이를 떠맡았다.
"겐토가 때렸어. 으앙!"
"응가 했어."

"우유 주세요!"
여기저기서 계속 민원이 쏟아지니 롤러코스터를 타고 있는 기분이다. 단 1초도 숨 돌릴 틈이 없다.
가는 날이 장날이라고, 오늘따라 다카시가 울음을 그치지 않는다. 모유 60밀리리터를 해동해서 먹였는데도 말이다. 이상하네. 양이 부족한가. 미심쩍어하며 분유 100밀리리터를 더 주었다. 계속 울기에 1시간 후에는 분유 90밀리리터를 한 번 더 줬다.
집에 돌아온 아내에게 다카시의 식사량을 말했더니 기겁을 했다.
"뭐 하는 거야! 그렇게 많이 주다 애 아프면 어쩌려고! 황달이라도 생기면 어떻게 할 거야! 도대체가."
신생아한테는 한 번에 그렇게 분유를 많이 주면 안 되는 거였나 보다. 세 시간 정도 간격을 두어야 한단다.
보고 있는 육아 책에도 그런 얘기는 없었다. 분유통에도 신생아는 60밀리리터가 표준이라는 말밖에 없다. 먹고 싶어 하니 괜찮겠지, 하고 아무 생각 없이 주었는데 '역시 아빠는 믿을 수가 없어'라는 또 하나의 불신이 낙인 찍히고 말았다. 잘못은 알면서도 육아휴직까지 하며 육아의 프로가 되기 위해 정진하고 있는데 덮어놓고 화를 내는 아내가 야속했다.

그 후 다카시는 설사를 하지도 않았고 아프지도 않았다.
생후 1개월 검진에서는 4.8킬로그램으로 잘 자라고 있다는
진단을 받았다. 수유량도 아기에 따라 다르지 않을까.
"그 우유 양이 다카시한테는 적당했던 거 아냐?"
슬그머니 말을 꺼냈더니 돌아오는 아내의 대답이 걸작이다.
"그, 그랬을 수 있겠네. 그땐 젖이 불어 있어서 아파서 당신한테
더 짜증을 부렸던 것 같아."
뭐야. 젖몸살을 나한테 화풀이 한 거였어. 이제 와 따져봤자
내 입만 아프지. 어쨌든 다카시가 무사해서 다행이다.

D+30
아빠들의 적이 되다

벌써 두 달 가까이 어린이집을 아침저녁으로 들락날락거리다 보니 이제는 제법 편해졌다. 오히려 하루 중 유일한 사회생활 기회이며 가장 즐거운 시간이 되었을 정도다. 선생님들의 호기심 어린 눈도 점차 사라졌다.

"최근에 에코랑 젠토가 어린이집에서 아빠 얘기를 많이 해요."
선생님이 말을 건다. 두 아이에게는 아빠의 육아휴직이 엄청난 환경 변화겠지.

"제가 보조가방을 '엄마 가방'이라고 불렀더니 젠토가 '아니야. 아빠 가방이야'라고 알려주더라고요."
이런 보고도 받았다. 아이들에게 아빠의 존재감이 커졌다는 사실에 무척 뿌듯했다.

어린이집에서 마주치는 엄마들과도 대화가 늘었다.
"우리 애가 집에서 젠토 아빠 얘기를 하더라고요."
"자전거 헬멧이 귀엽네요. 어디서 구하셨어요?"
"주말에 수영 강습하는 곳 아세요?"
화제는 끊이지 않았다.

어린이집 아이들과도 친해졌다. 어느 날 쌍둥이를 데려다주고 나오는데 에코가 다가와 "아빠, 뽀뽀!" 하고 입을 맞추었다.

이어서 린타로도 뽀뽀를 해 주었다(린타로 엄마, 미안!). 앞을 보니 린타로 뒤에 코가 줄줄 흐르는 아이들이 내게 뽀뽀하려고 줄 서 있다. 감기가 유행인가 보다. 하지만 얼굴에 코를 묻혀 가면서까지 뽀뽀를 받을 마음이 나지는 않는다. 이쯤에서 슬슬 내빼야지.

이제 와 돌아보니 내가 처음 어린이집에 출현했을 당시 주위에서 어떻게 봤을지 알 것 같다.

등하원 시간대 어린이집은 새벽시장을 방불케 한다. 특히 등원할 때 엄마들의 움직임을 보고 있노라면 혀를 내두르게 된다.

1. 아이를 유모차에서 내려
2. 유모차를 유모차 주차장에 정리하고
3. 아이 신발을 신발장에 넣고(아이가 넣는 것을 지켜보거나)
4. 아이의 외투를 현관 벽에 걸고
5. 손을 잡고 계단을 올라가
6. 체온과 몸 상태를 수첩에 적고
7. 기저귀 주머니를 벽에 걸고
8. 갈아입을 옷을 바구니에 넣고
9. 지저분해진 옷을 넣을 주머니를 벽에 걸고
10. 점심과 간식 먹을 때 쓸 턱받이를 케이스에 넣고
11. 사용한 턱받이를 넣을 주머니를 벽에 걸고

12. 수건을 벽에 걸고

13. 알림장을 바구니에 넣고

14. 선생님에게 잘 부탁합니다, 인사를 하는

이상의 열네 가지 작업을 엄마들, 선생님들과 잡담을 나누며 척척 해낸다. 그 사이에 아이가 안아달라고 조르거나 울기도 한다.

이제 나도 많이 익숙해져서 이 떠들썩한 시장통에서 가능한 한 능숙하게 준비를 마칠 수 있게 되었다. 가끔씩 처음 보는 아저씨(가 아니라 아빠)나 상황을 잘 모르는 할머니가 어슬렁어슬렁 나타나 "이 주머니는 어디에 거는 거예요?" 질문하거나, 엄중하게 문단속을 해야 하는 어린이집 문을 열어둔 채 들어온다거나 하면 "잘 좀 하세요. 이곳은 프로의 세계니까!" 라고 한마디 하고 싶다. 처음에는 내가 아빠라서 소외되고 있다는 피해망상에 사로잡혀 있었다. 물론 그런 면이 있긴 하겠지만 그런 것보다 아빠든 엄마든 상관없이 어린이집 등하원도 하나의 일인 이상 제대로 하라는 것이다.

아이들 등하원을 전담하게 되면서 어린이집에서 아빠들의 모습을 자주 보게 되었다.

"에코랑 겐토네는 아빠가 매일 애들 데리러 오더라."

집집마다 엄마들이 아빠들한테 압력을 가하고 있었다.

한번은 쌍둥이를 유모차에 태우고 나오는데 한 엄마가 함께
아이를 데리러 온 아빠에게 "당신도 저렇게 할 수 있어?" 라고
묻는 걸 들었다.
아빠들은 어린이집 등하원 준비에도 서툴고 얼굴도 무뚝뚝하게
굳어 있다.
'빨리 끝내고 일하러 가야지.' '가급적 빨리 이 여인천하에서
벗어나자.' 이런 생각이겠지. 바로 얼마 전까지 내 모습도
저랬기에 그들의 기분을 충분히 공감할 수 있다.
어린이집에 들어서는 것조차 주저하는 아빠도 있다.
"뭐야, 당신 정말 6시 반 넘어서 올 거야? 진짜? 어쩌지,
어떡하지!"
어린이집 문 앞에서 아빠가 통화하고 있다. 아내가 어린이집
문 닫을 시간이 됐는데도 오지를 않나 보다. 자기 혼자 어린이집
문을 열고 들어가기가 쑥스러운 모양이다.
다른 아빠들이 나한테 적의를 품고 있다고 느낄 때도 있다.
다른 아이나 선생님과 즐겁게 얘기를 나누며 하원 준비를 하고
있으면, 물론 혼자만의 착각일지 모르지만, 가끔 험악한 눈초리가
느껴진다.
"너였군. 남자의 특권을 팔아먹은 놈이!"
이런 소리가 들리는 듯하다.

D+50

육아아빠의 고민 ②
승진에 영향을 줄까?

아이가 셋이면 항상 누군가는 울고 있다. 졸려서 그런 건지
배고파 그런 건지, 제일 많이 우는 아이는 다카시이다. 다음은
겐토가 괴롭혀 울고 있는 에코. 겐토는 기분이 안 좋다고 떼를
쓰다 받아주지 않으면 소리를 지르며 울어 댄다.
대낮에 그러면 그나마 낫지만 가끔 한밤중에 애들이 연달아
울 때가 있다. 새벽 세시에 갓난아기가 갑자기 울음을 터트리고
곧이어 옆에서 두 살배기 쌍둥이가 따라 울기 시작하는 상황을
상상해보라. 이럴 때면 정말 집을 뛰쳐나가고 싶어진다.
그래도 에코와 겐토가 어린이집에 가는 평일엔 좀 나은 편이다.
평일 낮, 운이 좋으면 다카시가 두세 시간 잠을 푹 잘 때가 있다.
그때는 백이면 백 같이 잠을 청한다. 요즘은 계속 쪽잠을 자서
그런지 머리가 늘 무겁다.
며칠 전 다카시랑 낮잠을 자고 있는데 불쑥 걸려온 전화 한 통
때문에 잠을 망친 적이 있다.
"여보세요. 야마다 에코 어머님 계신가요?"
"아내는 지금 나가고 없습니다. 제가 에코 아빠인데…."
딸깍. 뚜, 뚜, 뚜. 전화가 끊겼다.

"이런! 아빠는 필요 없다는 거야, 뭐야."
역시 텔레마케터 업계에도 아빠는 밖에서 일하는 사람, 엄마는
집에서 일하는 사람이라는 고정관념이 뿌리 깊은가 보다.
느닷없는 전화로 결국 달콤한 낮잠은 날아가버렸다.
오늘도 모처럼 한창 낮잠을 즐기는데 갑자기 전화벨이 울렸다.
'젠장. 뭘 팔겠다고 이 난리야.'
투덜대며 전화를 받으려 일어났다.
이번에는 오랫동안 알고 지낸 국회의원의 전화였다. 휴, 상냥하게
응대해서 다행이다.
"아이가 태어났다면서? 축하해. 육아휴직을 했다고?"
그동안 제대로 얘기를 한 적이 없어서 육아휴직하게 된 경위를
자세히 설명했다.
"한 명이면 우리 집에 맡겨도 됐는데."
집이 간사이 지방이라 맡길 수도 없었겠지만 말만이라도 고맙다.
전화를 끊으려 할 때쯤 툭 한마디를 더한다.
"승진하는 데 문제는 없나? 육아휴직하면 승진에 지장 있는 거
아냐?"
"선배들과 충분히 얘기하고 결정했습니다."
우리 조직은 육아휴직 유무가 승진에 영향을 미치지 않을
거라고 생각했기에 망설임 없이 대답했다.

지자체에서 일하는 친구도 그러더니 국회의원도 '육아휴직은 승진에 마이너스'라고 생각하는 점이 마음에 걸렸다.
몇 시간 뒤에는 기자로 일하는 친구로부터 전화가 왔다.
전화 통화를 하는데 뒤에서 다카시가 울었다.
"아, 아기가 우네요. 정말 애 보고 계신 거였어요?"
놀란 모양이다. 육아휴직을 했으니 애를 봐야지. 무슨 소리야!
들어봤더니 그녀가 아는 사람 중 정말로 아이를 돌보기 위해 휴직을 한 남자는 없었다고 한다. 오히려 지금까지 못 해봤던 일을 해보려고 육아휴직을 하는 사람이 많다는 얘기였다.
"멋져요. 정말 대단하세요."
좀 멋쩍었다. 역시 일하는 여성의 반응은 다르다.
순간 찝찝했던 부분을 조심스레 물었다.
"육아휴직을 하면 승진에 불리하다고 생각하는 사람이 많은가 봐요."
"맞아요. 실제로도 그렇고요."
같은 언론계에 있는 남자 기자가 육아휴직을 했는데 복직 후에 지방으로 좌천됐다고 한다.
"언론에서도 이렇다 저렇다 말은 좋게 하지만 실제로 현실은 안 그래요."
흠, 언론계도 이 정도군.

친하게 지내는 직장 동료들과 송년회를 하는 자리에서도
자연스럽게 내 육아휴직이 화제가 됐다.
"아무래도 남자가 육아휴직을 하면 승진에 불리하다고
생각하는 사람이 많은가 봐."
계속 마음에 걸렸던 얘기를 꺼냈다.
"그렇지. 우리 조직도 마찬가지야."
"뭐 특출한 능력이라도 있으면 모를까, 대개는 불이익을
당하겠지."
친한 동료들이 하나둘씩 얘기한다.
이를 어째. 아무래도 내가 둔감했나 보다. 우리 조직도 사회의
일반적인 인식과 별반 다르지 않은 듯하다. 그나마 친한
사람들의 반응이 이 정도이니 다른 사람들의 생각은 말하나
마나겠지.
세상 물정에 어두운 편인 나는 그렇다 치고, 육아휴직이 승진에
영향을 준다는 생각이 우리 사회의 일반적인 인식이라면
이 때문에 육아휴직을 단념하는 남자가 많을 것이다.
직장인이라면 직장 내의 평가를 그대로 보여주는 승진을
무시하지 못할 테니까.
육아휴직을 했다는 사실과 복직하고 나서의 업무 내용과는
아무런 관계가 없다. 그런데도 육아휴직을 업무 평가의 척도로

삼는 것이 과연 합리적인 처사일까. 육아휴직은 승진에 영향을 준다는 사회 인식이 바뀌지 않는 한 남자가 휴직을 하기는 힘들다. 물론 저출산 문제도 해결되기 어려울 것이다.

아빠는 필요 없다는 거야?!

2 무리하지 않는 아빠표 육아법

D+60
노로바이러스의 습격

12월 어느 날, 아이들을 데리러 갔더니 평소와는 다른 방에 에코, 겐토, 린타로가 격리되어 있었다. 오후 들어 다람쥐반에 구토를 하는 아이들이 속출해 옮지 않도록 조치했다고 한다.
"욱…욱…. 왝."
집에 갈 준비를 하는 사이 눈앞에서 린타로가 토를 했다.
앗, 큰일이다. 에코랑 겐토한테 옮으면 안 돼. 린타로 엄마도 사정을 이해해 주겠지. 토한 걸 치우고 있는 린타로 엄마를 뒤로하고 서둘러 어린이집을 나왔다.
"쌍둥이라 체격이 작아 걱정했는데, 몸은 제법 튼튼해졌나 봐."
"오늘도 마지막까지 살아남은 건 우리 애들이었다니까."
에코와 겐토를 조금 일찍 재운 후 거실에서 조용조용 아내와 얘기를 나눴다.
잠시 후 침실에서 에코와 겐토의 기침 소리, 우는 소리가 들렸다. 한밤중에 기침을 하거나 우는 일은 종종 있었다. 대체로 조금 지나면 그대로 다시 잠을 자서 가만히 두었다.
10분이 흘렀다. 우는 소리가 점점 커지길래 침실을 살펴보러 갔다.
훅, 하고 강렬한 위산 냄새가 진동했다. 불을 켰더니 침실

전체가 토사물로 더럽혀져 있다. 에코와 겐토는 토사물 위에서 괴로워하며 뒹굴고 있다.
"어린이집에서 본 린타로 증상이랑 똑같아!"
그때부터 우리 부부는 컨베이어 벨트 위에 서 있는 사람처럼 일사분란하게 일을 처리했다.
아내가 에코와 겐토의 잠옷을 벗기고 몸을 닦았다. 나는 더러워진 침대 시트와 이불을 빼내 세탁실로 옮기고 남아 있는 토사물 찌꺼기를 닦았다.
둘이서 최대한 효율적으로 작업해야 한다. 말 한마디 나눌 새 없이 재빨리 정리를 했다. 그동안 집에서 가사에 정진한 덕분에 손발이 척척 맞았다. 약 20분 만에 에코와 겐토가 잠잘 곳을 확보했다.
다음 날 두 아이를 데리고 병원에 갔다.
"노로바이러스네요. 요즘 유행이에요."
원인을 알고 나니 일단 안심이 된다.
"저, 집에 태어난 지 두 달밖에 안 된 아기가 있어요. 아기한테 옮을 수도 있습니까?"
의사는 이제 알았다는 표정이다.
"아, 엄마는 아기를 보고 있어서 아빠가 오셨군요."
두 살배기 애 둘을 아빠 혼자서 데리고 오는 일은 거의 없나

노로바이러스는 위험! 조심합시다.

보다. 병원도 예외가 아니다. 애 보는 일은 엄마의 몫이라는 의식은 우리 사회 곳곳에 뿌리 깊게 박혀 있다.
의사 말로는 노로바이러스는 신생아에게 옮을 수도 있고 어른도 걸릴 수 있다고 한다. 집으로 돌아와 허둥지둥 다카시를 다른 방으로 격리시켰다.
얼마 후 히로시마현에 있는 노인 요양원에서 노로바이러스 감염으로 사망자가 발생했다는 뉴스까지 나왔다. 당분간 쌍둥이로부터 다카시를 지키는 일이 급선무다.

D+65
응가 처리반

다카시가 태어난 지 한 달쯤 지난 때였다. 기저귀를 갈 때마다
보이던 머스터드소스 같은 응가가 갑자기 사라졌다.
그동안 응가가 묻어 있는 기저귀를 갈아줄 때마다 비누로 손을
씻어서인지 손이 많이 거칠어졌다.
"오호, 빨리 좋아졌네."
다카시의 응가 횟수가 줄어든 덕분에 까칠까칠했던 손은 금방
부드러워졌다. 빈도는 줄었지만 다카시는 거의 이틀에 한 번
꼴로 엄청난 양의 똥을 눈다. 똥이 잘 안 나오는지 누기 전부터
열심히 힘을 준다.
"으…음. 으…윽."
얼굴이 빨개지도록 힘을 주고 있는 다카시의 모습을 보고
있으면 안쓰러운 마음이 든다. 그러다 똥이 나올 때에는 갑자기
'퍽'하는 폭발음까지 난다.
나왔다! 바로 다가가 기저귀를 열면 기저귀 가득 어마어마한
양의 똥이 들어 있다. 엉덩이도 고추도 똥으로 뒤범벅이다.
이제부터 시작이다. 엉덩이를 닦아주고 나면 소프트아이스크림
기계에서 아이스크림이 나오듯 크림 상태의 똥이 줄줄 추가로
나온다.

"어, 어, 장난 아니네. 그만 좀 싸."

고장 난 기계처럼 소프트아이스크림은 계속 나온다. 차고 있던 기저귀로는 감당이 안된다. 밑에 깔아 둔 새 기저귀에도 똥이 넘쳐 묻는다. 어쩔 수 없이 기저귀를 세 장째 깐다. 그러면 소프트아이스크림 3탄이 나온다. 결국 옷까지 똥범벅이 될 때도 많다.

이럴 때는 눈앞의 상황에 동요하지 않고 운명을 하늘의 뜻에 맡기는 게 좋다. 자연재해에 맞닥뜨렸을 때 느끼는 인간의 무력감이 아마 이와 비슷하지 않을까.

연말연시가 되면서 다카시의 변비는 점점 심해졌다. 일주일이 지나도록 똥이 안 나오는 일이 몇 번이나 이어졌다. 다카시는 배에 힘을 주며 무척이나 괴로워했다. 도대체 왜 이러는 거지. 열심히 면봉에 베이비오일을 묻혀 항문을 자극해 보지만 효과는 없다. 하지만 변비로 병원에 가는 것도 좀 바보 같았다. 변비에 걸려 죽은 사람은 없으니까.

"고기를 너무 많이 먹어서 그런 거 아냐?"

누나가 말했다. 뭐라고? 다카시는 아직 이유식도 시작을 안 했는데 무슨 소리야. 누나의 설명은 이랬다. 캐나다로 발령이 나 가족과 함께 캐나다에서 지낼 때 아기가 심한 변비에 걸렸다고 한다. 그때 캐나다 의사가 "엄마가 고기를 삼가세요." 라고 말했다는 것이다.

그러고 보니 크리스마스다, 연말연시다 해서 우리 집 식탁에 야채나 생선이 거의 안 올라왔다. 엄마의 식사가 다카시의 변비와 관계가 있는 걸까. 반신반의하며 아내가 의도적으로 고기를 줄이고 생선과 야채를 많이 먹자 바로 다카시의 변비가 나았다. 더불어 다카시의 상태도 좋아졌다.

모유는 정말로 경이로운 세계다.

이제 다카시는 하루에 한 번씩 폭발합니다.

D+70

육아는 아빠도 성장시킨다

다카시와 함께하는 생활이 차츰 자리를 잡았다. 아이가 깨어 있는 시간도 길어졌다. 다카시는 순한 편이다. 처음과는 달리 이유 없이 우는 일은 많이 줄었다.

슬슬 다카시를 재우는 비법도 체득했다. 비결은 머릿속 잡념을 없애는 것이다. '윽, 뉴스 할 시간인데. 얼른 재워야지.' 이런 생각에 빠져 있으면 절대 안 잔다. 아무리 뉴스에 온 신경이 가 있다 하더라도 머릿속을 백지로 만들고 가슴에 다카시를 안은 채 천천히 등을 토닥거리며 자장가를 부른다. 반드시 잡념을 버리고 머리를 텅 비운 채 불러야 한다. 대개 그렇게 10분 정도 지나면 아무리 흥분 상태였더라도 잠에 빠져든다. 가끔 같이 잠들 때도 있지만 이렇게 하지 않으면 잘 자지 않는다. 다카시가 잠들고 나면 책도 읽을 수 있고 텔레비전도 볼 수 있다.

다카시는 주로 모유를 먹는다. 아내가 유축해 놓은 모유가 다 떨어질 때만 분유를 준다. 다 먹였다고 그게 끝이 아니다. 트림이 나올 때까지 다카시를 안고 등을 톡톡 천천히 두드려야 한다.

"꺼억."

조용한 방에 나 말고 다른 사람의 소리가 들린다. 누구지?
다카시다.

해가 바뀌고 나서 다카시가 "후아", "꾸우" 같은 옹알이를
시작했다. 사람이 되기 위한 중요한 첫걸음이다. 아이를 키우며
맛보는 이런 소소한 기쁨이 얼마나 달콤한지 그 전엔 상상도
못했다.

사람다워진 것은 옹알이만이 아니다. 움직임도 활발해졌다.
옷을 갈아입힐 때는 옷을 잡고 방해를 하고, 이불은 금세
걷어차 버리고, 머리는 하도 시트에 문질러대서 뒤통수가
반질반질해졌다. 엄지손가락을 쪽쪽 빨기도 하고, 모르는 사이에
손 안에 보푸라기나 쓰레기를 쥐고 있기도 한다. 억지로 손을
펴 보면 보푸라기와 쓰레기가 땀으로 범벅이 되어 고약한
냄새를 풍기는 날도 있다.

"다카시!" 부르면 고개를 돌려 얼굴을 쳐다보는 동작도 한다.
그때 방실방실 웃어 주기도 한다.

처음에는 미끈거리는 파충류 같던 아이가 점점 사람다워지고
있다. 하루하루가 새로운 발견의 연속이다. 이런 발견을
하나하나 확인할 때마다 이루 말할 수 없는 뿌듯함을 느끼는
동시에, 너무 빨리 커버리는 것 같아 아쉬운 마음이 들기도
한다. 또 다카시가 커가는 모습에 마음이 설레면서 새삼
부모님에 대한 고마움에 가슴이 뭉클해진다. 고등학교 때
부모님께 "내가 낳아달라고 한 것도 아니잖아요." 라며 버릇없이

내 피부는 거칠어지든 말든 아이 생각만!

굴었는데, 지금 생각하니 그런 심한 말이 어디서 튀어나왔는지 모르겠다.

아이를 부모의 소유물로 생각해선 안 된다는 주장도 있지만 이렇게까지 정성 들여 키우다 보면 '내 자식'이라는 생각이 드는 것은 어쩔 수 없다.

아내는 퇴근하고 오면 곧바로 다카시를 맡으려고 한다. 젖이 불어 있어 빨리 젖을 주고 싶어서다.

"빨리, 다카시, 이리 줘."

그럴 때면 하루 종일 금이야 옥이야 돌보던 아이를 아내에게 뺏기는 게 싫다.

"싫어, 안 줘, 빌려주는 거면 몰라도."

"알았어, 알았어. 빨리 빌려줘."

올바른 생각은 아니지만 내 손으로 애지중지 키운 아이에게는 자연스럽게 소유라는 개념이 생겨나는 것 같다.

D+75

육아아빠의 고민 ③
육아 친구를 찾습니다

태어난 지 두 달이 지나면서부터 다카시와 외출을 시도했다. 외출이라고 해봐야 겨울이라 날씨가 좋은 날을 골라 한낮에 한 시간 정도 산책을 하고 돌아오는 게 전부이지만, 밖에 나오니 지금까지 모르고 지냈던 평일의 광경이 눈에 들어온다.
평일 오전, 근처 슈퍼마켓의 손님은 노인과 주부뿐이다. 성인 남자는 코빼기도 안 보인다. 지금까지 일상생활에서 접해본 적이 없는 두 집단과 마주하니 어색하기만 하다. 어쩌면 평일 낮에 슈퍼마켓을 어슬렁거리는 성인 남자를 보며 노인과 주부들은 더 큰 이질감을 느꼈을 것이다. 이 세계에선 오히려 내가 이방인인 셈이다.
"다카시, 산책 가자." 말을 걸면 다카시는 방긋방긋 웃으며 내 몸짓과 말에 분명한 반응을 보인다. 이럴 때마다 보람을 느낀다.
집 밖은 정말 춥지만 다카시도 외출을 좋아해서 연초부터는 매일같이 산책을 나갔다.
어디로 가면 좋을까. 어느새 발길은 아빠가 가고 싶은 곳으로 향하고 있다. 서점이나 가전제품 판매점이다. 서점은 그나마

낮지만 가전제품 판매점은 아이한테 그다지 좋은 장소는 아닌 것 같다. 가전제품 판매점에서 컴퓨터 화면을 보고 있는 오타쿠 분위기의 아저씨는 아기랑 전혀 안 어울린다.
"아, 위험해!"
지나가던 남자의 가방이 툭 하고 다카시의 얼굴을 때렸다. 다카시가 울음을 터뜨렸지만 그놈은 자기가 아기를 친 사실조차 모른다.
아내가 퇴근하고 오면 하루 일과를 보고한다.
"세상에, 그렇게 사람 북적대는 데 애를 데리고 가다니. 감기라도 옮으면 어떡하려고. 산책은 당신이 아니라 다카시가 좋아하는 데로 가야지."
따끔하게 주의를 받았다.
그래서 가까이 있는 공원에 가보기로 했다.
"육아휴직 중에 공원에 나온 애 엄마들 잘 꼬셔봐. 그러다 몇 년 후 어린이집에 자네 닮은 애들이 바글바글하는 거 아냐. 으하하하, 암튼 건투를 빌게."
육아휴직 전에 짓궂은 상사가 음흉하게 놀려대던 게 생각났다. 엄마들 꼬실 생각은 결단코 없다. 단지 남녀 불문하고 같이 아이를 키우는 처지에 있는 사람들과 얘기를 나누고 싶은 순수한 마음으로 공원을 찾았다.

하지만 아직 밖이 추워서인지, 이 지역이 저출산 사회로
진입해서 그런 것인지 근처 공원에선 아이를 데리고 나온
부모를 좀처럼 만날 수 없다. 간혹 놀이기구에서 놀고 있는
세 살배기 형, 누나들이랑 마주칠 뿐이다.
이 추운 날씨에 혹시나 아기를 데리고 나온 사람들이 있을까
기다리는 모습이 감나무에서 감 떨어지기를 기다리는 것처럼
멍청해 보였다. 다카시도 이러다간 감기에 걸릴지 모른다.
간혹 공원에 갓난애를 데리고 나온 사람이 있어도 다가가 말을
걸기가 쑥스러웠다. 아무래도 헌팅의 고수 같아 보일 테니까.
결국 밖은 추우니 유모차를 갖고 들어갈 수 있는 카페에 둥지를
틀었다. 카페는 첫째, 금연. 둘째, 넓은 공간. 셋째, 저렴한 가격.
넷째, 오래 있어도 눈치 안 주는 종업원. 이 네 가지 조건이
갖춰진 곳이어야 한다. 극히 드물지만 아기를 데리고 온 사람이
옆 테이블에 앉아 얘기를 나눌 때도 있다. 육아 선배님께 아기가
낯가리기 시작할 때랑 이유식 할 때의 고충을 듣는 것도
카페를 찾는 큰 낙이다. 상대방도 좋아하는 것 같다. 하지만
그런 운수 좋은 날은 2주에 한 번 있을까 말까다.
린타로 엄마에게 물어봤다.
"린타로는 3개월쯤 됐을 때 어디로 산책을 갔어요? 쌍둥이
때에는 둘이라 너무 힘들어 아예 외출을 안 했나 봐요. 아내한테

물어봐도 모르겠다네요. 공원에 가도 이렇게 작은 애는 없던데."
"그렇겠네요. 너무 어리면 공원에 데리고 가봤자 애가
좋아하지도 않을 테고. 공원보다는 같은 개월 수의 아기가 있는
친구 집에 갔던 것 같아요."
확실히 여자가 육아휴직을 하면 산후조리원이나 엄마교실에서
만난 친구, 전업주부인 옛 친구 등 갈 곳이 많겠지. 하지만
육아휴직 중인 아빠의 친구들은 평일 낮 시간에 모두 일을 하고
있다. 이 또한 육아휴직을 하는 아빠만의 고충이다.

D+80
모유 수유 논쟁

부모의 양육 분담을 이야기할 때마다 엄마가 생물학적으로 적합하니 여성이 육아를 전담해야 한다는 강압적인 발언을 자주 듣게 된다.
그렇지만 경험상 육아를 하는 데 엄마가 아니면 안 되는 일은 거의 없다. 오히려 육아는 팔 힘을 쓰는 일이 많고 체력 소모도 많아 아빠가 하는 편이 더 적합하다. 유일하게 엄마가 아니면 안 되는 일이 바로 모유 수유다. 그리고 이 모유 수유가 부부 갈등의 씨앗이 되었다.
아내는 선언했다.
"다카시는 가능한 한 완모하고 싶어."
아내는 출근 전에 꼭 모유를 먹이고, 부지런히 모유를 유축해 냉동 팩에 보관한다. 퇴근하기 전에는 전화로 분유 먹이지 말고 기다리라는 주문을 한다.
다카시를 하루 종일 돌보고 있는 아빠 입장에서 보면 이런 모습이 도무지 이해가 안 된다. 모유든 분유든 아이가 원할 때 먹고 싶은 만큼 줘야 하지 않을까. 과학적으로도 초유가 아닌 이상 분유의 영양성분은 모유와 비교해 손색이 없다고 한다. 배가 고파 울고 있는 다카시에게 엄마가 올 때까지 기다리라는 잔혹한 말은 하고 싶지 않다. 분유라도 당장 먹이고 싶다.
"그런 말 하지 마. 젖이 불면 얼마나 아픈지 알기나 해! 분유 값도 장난이 아니고. 안 그래도 당신이 육아휴직 중이라 수입이 적은데 조금이라도 아껴야지."
아내는 이런 이유까지 내세우며 모유를 먹여야 한다고 주장한다. 애 보는 일을 내게 맡겨두고 있는 한 젖몸살은 아내가 감수해야 하지 않을까. 분유 값에 쩔쩔맬 정도로 살림이 궁핍하지도 않다. 말도 안 되는 소리라고 냉담하게 받아쳤다.
다음으로 아내가 꺼낸 카드는 밤중 수유 문제다. 다카시는 밤중에 배가 고파 운다. 모유를 계속 주면 정기적으로 젖이 불어 아내가 밤중 수유를 하면 된다. 그러나 모유 수유를 그만두면 밤중에 엄마가 깨나야 할 이유가 없다.
"좋아. 앞으로 계속 분유로 키울 거면 모유 수유는 그만둘게. 그러면 밤중 수유도 당신이 알아서 해."
아무리 내가 육아휴직 중이고 일을 하지 않는다 해도 꽤나 인정머리 없는 반격이다.
"모유 끊으면 술 마셔도 되겠네. 매일 마시다 뚱뚱해지면 어떡해!"
한발 더 나가 이런 말까지 한다.
결국 아내도 나도 분유 값과 비만을 걱정하는 게 아니다.

문제의 핵심은 모유를 주면서 다카시에게 존재감을 드러내고 싶은 엄마와 모유든 분유든 상관없이 다카시를 자신의 통제 아래 두고 싶은 아빠의 갈등이다.

"큰맘 먹고 육아휴직 했는데 내가 하고 싶은 대로 키워보면 안 돼?"

"다카시는 실험 대상이 아니야. 일하는 엄마들도 가능한 한 모유를 먹이려고 한단 말이야. 엄마와 애착이 약해지면 이상행동을 하게 될지도 모르잖아."

그것도 그렇군. 이 문제는 한발 물러서야겠다. 한동안 모유를 우선으로 하자.

D+85
육아휴직을 바라보는 세 가지 시선

친하게 지내던 선배의 부고를 들었다. 장례식 안내 메일도 왔다.
어떤 소식이든 내가 조직의 일원임을 일깨워주는 연락을 받으면
'다행이다. 내 존재가 잊히지는 않았군.' 하고 안심이 된다.
그렇지만 장례식은 평일 낮이다. 3개월 된 아기를 맡아줄 곳이
없으니 포기할 수밖에 없다.
또 한번은 오랜 친분이 있는 의원 비서로부터 연락이 왔다.
"밤에 나오기는 힘들 테니 낮에 만나자."
"연락 주셔서 정말 고맙습니다만 애가 3개월밖에 안 되어서
데리고 나가기가 어렵습니다." 정중히 거절했다.
두 분 모두 내가 육아휴직 중인 걸 알고 있다. 일부러 연락을
해준 마음은 정말 고맙지만 애 키우는 부모가 애한테
얼마나 꽁꽁 묶여 지내는지 상상이 잘 안 되나 보다. 나 또한
육아휴직을 하기 전에는 상상도 못 했으니 당연한 일이다.
상상이 안 된다는 사람은 그나마 낫다. 이해가 안 간다는
사람도 있다.
아내는 요즘 싱크탱크로 파견 나가 연구원으로 일하고 있는데,
근무처에는 나이 지긋한 간부가 많다고 한다.
"힘들겠구먼. 오늘은 누가 아기를 보고 있나?"

아내를 보면 늘 이렇게 묻는다고 한다.
"남편이 육아휴직을 했습니다."
"아, 그렇군. 할머니나 도우미가 도와주러 오는 건가?"
아내의 대답에 대한 반응은 이렇다. 아빠가 육아를 하는 모습은 머리로 이해가 안 되는 모양이다.
대학 때 친하게 지내던 친구가 갑자기 전화를 걸어 호들갑을 떨기도 했다.
"너 육아휴직 했다면서? 어쩌려고 그래?"
전에 메일로 휴직을 하게 된 이유를 알려줬는데도 전혀 몰랐다는 반응이다.
"난 그런 생각을 한번도 안 해봐서, 도통 니가 무슨 생각인지 모르겠다."
그 집도 부부가 맞벌이를 하고 있고 애가 둘이다. 그런 처지라면 충분히 이해가 될 텐데.
"육아휴직 했다는 이야기를 듣고 직장 생활에 무슨 문제가 있나 걱정했어."
그 녀석에게 남자의 육아휴직은 그런 이유가 있어야만 이해가 되는 일인가 보다.
더 심한 경우도 있다. '적대시'다.
최근 고시에 합격한 동기 커플은 부인이 임신을 했다고 하자

남자가 육아휴직을 하면 무수한 억측이 떠돕니다.

상사가 '육아휴직은 안 돼'라는 지령을 내렸다고 했다. 정부 부처 중에서도 보수적인 곳으로 유명하다더니 이 상사는 여성의 육아휴직에 대해서조차 '적대시'하고 있었다. 남자 직원이 육아휴직한다고 했다가는 사표 쓰라는 말까지 나왔을 분위기이다.

일반적으로 공무원의 세계, 특히 고시를 패스한 국가공무원들 사이에는 많든 적든 일에 대해 '무제한·무한정'으로 임해야 한다는 윤리의식이 남아 있다. 나도 이번에 육아휴직을 하기 전에는 '무제한·무한정'으로 일했고 그것을 주위 상사와 부하에게도 요구했다.

그런 가치관이 장점이 될 때도 있지만, 그렇다고 그밖의 다른 가치관을 인정하지 않는다면 하루가 다르게 변하는 세상의 상식을 따라갈 수 있을까? 그래서 '공무원 같다'는 조소가 여전한 것은 아닐까?

D+90

육아아빠의 고민 ④
육아 우울증

············

웬일인지 기분이 우울하다.

처음에는 감기였다. 열이 나서 며칠을 꼼짝없이 몸져누웠다. 열이 내린 후에도 침대에서 일어날 엄두가 안 난다. 아이들을 아내한테 다 맡겨놓을 수만은 없어서 침대에서 나와 집안일도 하고 애도 보기 시작했지만 좀처럼 기운이 나지 않는다.

"이런, 이런. 이럴 줄 알았어."

정신을 차리고 보니 식기세척기 세제통에 분유를 넣고 있다. 세제나 분유나 모두 하얀 분말이라지만, 이걸 착각하는 사람은 없지 않을까. 나, 참.

퇴근하고 돌아온 아내랑 이야기할 기운도 없어서, 틈만 나면 어떻게든 침대로 기어들게 된다.

'가벼운 우울증'인 것 같다. 일단 이런 상태가 되면 이상한 망상이 머릿속에서 부풀어 오른다.

요즘 들어 아파트 경비아저씨가 더 신경 쓰인다. 육아휴직 초반에는 "집에서 쉬니 좋겠네요." 하고 말을 걸었던 그가 최근에는 다카시랑 산책하러 나갈 때 마주쳐도 시선을 피한다(고 느꼈다).

"제기랄, 이제는 본척만척하는 거야?"

혼자 중얼거린다. 내 육아휴직이 자신의 상식으로는 이해가 안 되니 어떻게 대하면 좋을지 몰라서 무시하기로 정했나 보군(하고 멋대로 생각했다).

다음 날 조금 깔끔한 모습으로 어린이집에 쌍둥이를 데려다주고 오는데 관리인이 말없이 머리끝부터 발끝까지 쓱 훑어봤다(는 기분이 들었다).

'뭐야, 복직한 건가. 아니, 그렇지 않을 거야.'

속으로 이런 생각을 하고 있을 테지.

이런 내 마음을 냉정하게 바라보면 마치 불량배가 지나가며 무턱대고 시비를 거는 꼴이다. 눈을 마주치지 않으면 본체만체한다고 트집을 잡고, 눈을 마주치면 노려본다고 트집을 잡는 식이다. 밝고 친절하며 일도 열심히 하는 분인데, 요즘은 이런 식으로 갖다 붙일 정도로 망상에 사로잡혀 있다.

이건 좀 심한데. 이러다가 큰일 나겠다!

나름대로 우울증에 걸린 원인을 열심히 찾아봤다.

첫째는 피로 누적이다. 집안일과 육아가 생각보다 훨씬 힘들었다. 다카시는 낮에 깨어 있는 시간이 길어졌는데도 여전히 밤중에 자주 깬다. 이런 상태라면 차라리 밖에 나가 야근을 하는 편이 낫겠다.

둘째는 고독이다. 사회로부터 격리되었다는 고독감이 점점 커져갔다. 매일 다카시와 산책하러 공원에 가지만 늘 그렇듯 기대했던 '육아 친구 찾기'는 이루어지지 않았다. 공원에 아이를 데리고 나온 엄마들이 있어도 어쩐지 쑥스러워서 가까이 다가갈 수 없었다.
셋째는 직장과의 관계이다. 남자의 육아휴직은 승진에 마이너스라는 세상 사람들의 인식을 신경 쓰지 않으려고 부단히 노력하지만, 한편으로는 걱정을 떨쳐낼 수 없는 게 사실이다. 가끔 연락을 주는 직장 동료도 있지만 소식 한 통 없는 사람이 더 많다.
그 사람들은 내가 육아휴직한 걸 안 좋게 생각할까? 오랜 기간 떨어져 있으니 소식이 없는 사람에 대해선 엉뚱한 상상을 하게 되고 사람을 불신하는 마음이 점점 커졌다.
처음 시작은 감기였지만 여러가지 원인이 복합적으로 뒤얽히면서 '가벼운 우울증'을 일으키고 있었다. 분석을 하고 보니 조금 기분이 나아졌다. 이제 원인을 찾았으니 어떻게 회복할지가 중요하다.
어린이집에서 돌아오는 길에 린타로 엄마에게 공원에 갔을 때 쑥스러워 끼지 못했다는 얘기를 했다.
"안 그러셔도 돼요. 옛날에 린타로랑 공원에 갔을 때 가끔

아빠가 애를 데리고 오는 걸 봤어요. 그때 엄마들끼리는 아빠가
끼니까 신선하고 좋다고 얘기했어요."
기운이 나는 말이다.
그럴지도 모른다. 주눅 들고 우울했던 기분이 조금 나아졌다.
이런저런 일들이 몸과 마음을 힘들게 했지만 마음의 위로가
되는 일도 있었다.
한번은 십여 년 전 우리를 채용했던 인사담당자가 아내를
점심에 초대했다. 그는 육아휴직 후에도 다시 열심히 일해
주기를 기대하고 있다는 말을 내게 전하려고 아내를 불렀다고
한다. 이런 작지만 세심한 격려가 소외감에 의기소침해 있던
마음을 따스하게 녹여주었다.
아내와 내가 친하게 지내던 직장 선배가 보내준 출산 축하
편지도 큰 힘이 됐다.
"료코 씨가 일을 하고 야마다 씨가 육아휴직을 하기로 결정한
일, 정말 훌륭한 판단이라고 생각합니다. 솔직히 감동했어요.
분명 반대 의견을 가진 분도 많을 겁니다. 저출산 문제,
남녀평등 시대, 이런 얘기들을 떠들어대지만 남성이 육아휴직을
한다고 하면 입을 다물거나 비판하는 동료, 상사가 많은 것이
현실이지요. 야마다 씨의 판단은 정말로 현명하고 용기 있는
결정이라고 생각합니다. 아이한테도 좋은 선택이고요."

너무 칭찬을 해서 얼굴이 붉어질 정도이다. 선배들 중에도 이렇게 생각해주는 사람이 있다는 것을 알고 나니 마음이 든든했다.
열흘 정도 지나 끈질긴 감기가 떨어져나갈 무렵, 육아 우울증도 차츰 사라졌다.

D+100
무리하지 않는 육아

생후 3개월 정기검진을 받으러 다카시를 데리고 보건소에 갔다. 쭉 둘러보니 젖먹이가 50명쯤 대기하고 있다. 마치 우리 아이 뽐내기 대회 같다. 그러고 보니 다른 아이들의 발육상태가 눈에 들어온다.
다카시는 꽤 큰 축에 속한다. 에코와 겐토는 쌍둥이여서 그런지 키가 작은 편이라 걱정이 많았는데 다행이다.
'우리 집 송아지 좀 구경하세요!'
뽐내고 싶은 기분이다.
보건소 안에 있는 사람 중 아빠는 나 혼자다. 아빠라서 그런 건지, 셋째 아이라 그런 건지, 애 옷을 벗기는 손길이 다소 거칠다. '콩!' 하고 다카시 머리가 유아 침대 모서리에 가볍게 부딪쳤다. 다카시는 이런 일에 익숙해져서 울지도 않는다.
옆에 있는 엄마들은 값비싼 도자기를 만지듯이 아기를 다룬다.
"자, 코우쨩, 미안. 옷 벗길게. 괜찮니?"
한편으로는 나도 평소에 좀 조심조심하는 게 좋겠다고 반성하면서도 '저렇게 하다가는 노이로제 걸리겠군. 애가 셋이라 시간 들이기 시작하면 한도 끝도 없어.' 하고 중얼거리며 스스로를 합리화했다.

BCG 주사(결핵 예방 접종. 한국에서는 생후 4주 이내에 접종한다.-옮긴이)를 맞았다. 의사가 백옥 같은 다카시의 피부에 무자비하게 도장을 찍었다. 마치 송아지한테 낙인을 찍는 것 같다. 의사의 거친 행동에 화가 났다. 좀 살살 하라는 말이 튀어나올 뻔했다. 옆에 있던 코우짱 엄마는 금방이라도 울음을 터트릴 기세이다. BCG액이 마를 때까지 잠시 의사가 아이의 잠자리와 수유시 주의사항 등을 설명했다. 하지만 이미 알고 있는 것들이라서 별로 귀에 들어오지 않았다. 다카시는 액이 다 마른 것 같아 의사가 하는 말을 끊고, "다 마른 것 같은데 가도 되죠?" 하고 진료실을 나가려 일어섰다.
"아니, 벌써 가시려고요?"
어쩌지. '들어야 하는 사람만 들으면 된다', '필요 없는 얘기는 얼른 끝내자' 직장에서는 당연한 이런 행동이 아무래도 분위기를 엉망으로 만든 것 같다. 아직 직장에서 하던 버릇이 남아 있다는 게 나도 의외였다.
마지막으로 의사의 문진 차례다. 별로 물어보고 싶거나 걱정되는 부분이 없었지만 질문을 안 하는 것도 어색해 말을 꺼냈다.
"애가 잠을 많이 자요. 잠을 너무 많이 자면 발육이 늦어진다거나 뇌에 이상이 생긴다거나 하지는 않을까요?"

"많이 자는 아이가 잘 커요. 셋째네요. 저도 애가 셋인데 위에 애 신경 쓰다 보면 밑에 애는 방치하게 되더라고요. 그거야 어쩔 수 없지만 애가 컸을 때 너는 손이 별로 안 갔다는 말은 하지 마세요. 상처 받으니까요."

그렇구나. 맞아, 맞아. 이렇게 어깨 힘 빼고 편한 마음으로 애를 보는 게 좋은 거야.

그날 밤, '지나치게 무리하지 않는 간병'이라는 노인요양서비스 업체의 광고 카피를 봤다. 그래, 내 육아 좌우명은 '무리하지 않는 육아'로 정하자.

D+110
돌돌 말아 재우기

'무리하지 않는 육아'라는 좌우명을 뒷받침해주는 텔레비전
프로그램을 발견했다. NHK의 〈아이가 쑥쑥〉이다. 이 프로그램은
해외의 이색적인 육아법을 소개하고 있다.
북유럽에서는 기온이 영하로 떨어져도 아기를 밖으로 데리고
나가 낮잠을 재운다고 한다. 영국은 아기가 울어도 30분이든
1시간이든 가만히 놔둔다는 이야기도 있다.
'헉, 설마… 영하 10도인데? 미쳤군!'
대낮에 거실에 앉아 TV를 보며 혼자 중얼거린다. 세상에는 내가
아는 육아 상식과는 전혀 다른 상식이 존재하나 보다. 그렇다면
일본 사람들의 육아법도 다른 나라 사람들이 보면 엉뚱하고
이상하게 보일 것이다.
같은 일본이라도 시대에 따라 선호하는 육아법은 각기 다르다.
예를 들어 옛날에는 자꾸 안아주면 손 탄다며 아이를 과도하게
안아주는 걸 기피했다. 지금은 가능한 한 안아주라고 한다.
그렇다고 옛날 육아 방식이 틀렸거나 그렇게 자란 아이들이
정신적으로 문제를 지니고 있지는 않다.
심리적으로도 역사적으로도 세상에 유일무이한 절대적인
육아법은 없다. 다양한 아이들이 있고 각양각색의 부모가

있으며 방법도 당연히 천차만별이다. 이것저것 가리지 말고 여러 가지 방법을 시도해보고 다카시에게 맞는 방법을 찾아내면 되겠지. 이것이야말로 '무리하지 않는 육아'의 정석이다.
오늘 본 〈아이가 쑥쑥〉에서는 몽골의 육아법이 소개되었다. 몽골에서는 밤에 잘 때 아기를 담요로 돌돌 말아서 재운다. 그렇게 하면 아이가 깨지 않고 깊이 잘 수 있다고 한다. 이 방법을 다카시에게 써볼까. 좀 야만적이라는 생각도 들었지만 일단 다카시를 얇은 이불로 돌돌 말았다. 이집트 투탕카멘 같기도 하고, 전래동화에 나오는 바구니에 버려진 아기 같기도 하다. 밤중에 불이 나거나 지진이 나면 그대로 옆구리에 끼고 밖으로 피난하면 되니 실용적인 면도 있다.
다카시도 방실방실 웃는 게 그리 싫지 않은 기색이다. 좋았어. 이렇게 해서 재워보자.
그날 밤 다카시는, 확실히 잘 잤다. 갓난애들은 밤중에 손을 번쩍 쳐들다 자기 손에 놀라 잠을 깨는 일이 많은데, 돌돌 말아놓으니 그럴 일이 없어서인지 정말로 밤에 우는 일이 줄었다.
하는 김에 낮잠 잘 때도 시도해 봤다. 심하게 칭얼거리다가도 쿵 쓰러지듯 잠이 든다. 그러고는 세 시간이든 네 시간이든 계속 잔다. 오호, 신난다.

하지만 책 읽기에는 딱 좋은데, 다카시가 잠을 많이 자 산책할 시간이 없어졌다. '무리하지 않는 육아'가 다카시의 생활 리듬을 깨뜨린 것 같다.
"꼭 전족을 하는 것 같아. 난 마음에 안 들어. 신체 발육에 안 좋은 거 아냐?"
아내가 불평한다. 왜 평소처럼 안 재우냐는 표정이다.
돌돌 말아 재우는 방법을 어머니한테 얘기했더니 옛날 시골에서는 농사일하면서 애를 보느라 돌돌 말아 논두렁에 두기도 했다고 가르쳐 주었다. 몽골뿐만 아니라 일본에도 그런 관습이 있었다니 일단 안심이 됐다. 빨리 아내에게 알려야지. 그때부터 마음 놓고 매일 밤 돌돌 말아 재운다.

D+115
내 아이가 예쁜 주관적이고 객관적인 이유

오랜만에 저녁 약속이 생겼다. 어린이집에서 쌍둥이를 데려오자마자 일찍 퇴근한 아내에게 아이들을 맡기고 밖으로 나갔다. 직장 상사와 후배가 집 근처로 찾아온 것이다. 그동안 쌓인 육아 스트레스를 해소할 절호의 기회이다.
사실 아이를 키우는 전업주부나 직장맘이 스트레스 해소를 위해 애를 집에 두고 술 마시러 나간다는 얘기는 들어본 적이 없다. 그런 면에서 난 꽤 좋은 육아 노동환경을 누리는 셈이다.
다음 날 아이들과 아침밥을 먹는데 에코랑 겐토가 재잘재잘 얘기한다.
"어젯밤엔 슬펐어. 아빠, 어디 갔었어?"
"아빠가 집에 돌아와서 다행이다. 그렇지?"
두 아이의 일상에 이제 아빠는 없어서는 안 될 존재가 되었다. 아, 아이들이 귀여워 죽겠다. 그런데 왜 내 아이는 이렇게 귀여운 걸까.
"객관적으로 봐도 우리 애는 꽤 귀여운 편에 속하지 않아?"
부모들 대부분이 이렇게 생각한다는 것은 객관적으로 볼 때 참 우스꽝스럽다.
'우리 애는 귀여워'라고 생각하면서도 딸 바보나 아들 바보로

불리기는 싫기에 그 이유를 계속 찾으려고 한다.
가장 일반적인 대답은 '부모'이니까 그렇다는 것이다. 하지만
이보다 더 구체적이고 설득력 있는 이유는 없는 걸까?
어린이집에서는 또래 아이를 둔 부모들끼리 다른 집 아이를
귀엽다느니 멋지다느니 의젓하다느니 서로 칭찬하는 일이 자주
있다.
"우와, 에코 오늘 참 예쁘네."
이런 소리 들으면 솔직히 기분이 좋다. 에코도 좋아하니
고맙기도 하다.
하지만 이 말은 굳이 따지자면 예의상 하는 말로, '우리 아이
빼고'라는 암묵적 조건이 붙어 있다는 것을 경험으로 알게 됐다.
우리 집은 자주 또래 아이가 있는 가족을 집에 초대하거나
초대받거나 한다. 그럴 때면 아이들이 낯선 사람들 앞이라
긴장해서인지 평소와 다른 모습을 보이곤 한다.
"오늘 겐토 좀 이상했지?"
겐토가 다른 사람들 앞에서 매력을 제대로 뽐내지 못하는
모습이 부모로서 속상할 때가 많다.
매일 저녁, 어린이집에 아이를 데리러 가면 에코랑 겐토는 놀고
있다가도 "아빠!" 하고 환한 표정으로 달려 나온다.
하원 시간은 대부분 비슷해서 다른 집 아이들이 부모에게

달려오는 표정을 흘깃 쳐다볼 때가 있다. 그때 아이들은 다른 사람에게는 보여주지 않는 세상에서 하나뿐인 미소를 지으며 달려간다. 그렇다. 아이에게는 각자의 부모 앞에서만 보여주는 최고의 귀여움이 있다. 그것은 부모만이 볼 수 있는, 아이가 주는 특별한 선물이다. 그래서 그 선물을 받은 부모는 누구나 우리 애가 세상에서 제일 귀엽다고 확신하는 것이다.

그 특별한 선물 때문에 부모는 한없이 아이에게 빠져들 수밖에 없다.

D+120
세대분담 육아론

대학생이던 1985년에 남녀고용기회균등법이 시행됐다. 그때 한 여자동기가 '세대분담 육아론'을 주장한 적이 있다.

"앞으로는 저출산 고령화 사회라서 노동인구가 감소하니까 남성도 여성도 일을 해야 해. 아이는 부모가 아니라 은퇴한 조부모가 키우고, 내가 은퇴하면 손자를 키우면 되지. 나도 그런 라이프스타일을 살 거고 일본 사회도 그렇게 변할 거야."

지금 생각해보니 이 주장에는 세 가지 문제점이 있다.

첫째, 조부모가 가까이에 살고 있지 않은 가족은 그런 라이프스타일을 실현할 수 없다. 덧붙이자면 이 주장을 했던 동기는 도쿄 출신이다.

둘째, 조부모가 건강하지 않으면 실현 불가능하다. 결혼 시기는 점점 늦어지고 있다. 조부모가 병에 걸리거나 간병을 필요로 하는 문제에 직면할 가능성이 많아졌다는 얘기다.

셋째, 첫 번째와 두 번째 문제를 통과했다고 해도 조부모가 과연 흔쾌히 아이를 맡아줄까?

"이 시대 여성은 육아에 전념할 수 있을 정도로 인내심이 강하지 않다. 이것이 저출산의 원인이다."

저출산의 원인을 여성의 인내심 탓으로 돌리는 주장도 있다.

일리가 있다(여성들이 들고일어날지도 모르지만). 하지만 인내심이
약해진 것은 여성만이 아니다. 나를 봐도 그렇지만, 어쩌면
남성이 더 인내심이 부족하다. 인내심이 부족한 것은 오늘날
젊은 세대뿐만이 아니다. 내 부모 세대도 우리 세대와
마찬가지로 옛날 대가족 속에서 부대끼며 지내던 할아버지
할머니 세대에 비하면 치마폭에 싸여 자랐다.
몇 년 전 쌍둥이 임신 사실을 알았을 때, 어머니께 '세대분담
육아론' 얘기를 꺼냈다가 일언지하에 거절당했다.
"왜 내가 또 다시 애를 키워야 하냐?"
반응은 냉담했다.
"어머니 나이 드시면 저희가 잘 모실게요."
나름 각오를 다지며 비장의 카드를 던져봤다.
"난 누구한테도 신세 질 생각 없다. 요양원에 들어갈 거다."
어머니는 단호했다.
물론 어머니는 우리가 바쁠 때 부탁하면 시간이 되는 한 육아를
도와주러 오신다. 그렇지만 자주 도와달라고 부탁할 수 있는
분위기는 아니다. 어디까지나 '일시적인 도움'이다. 애를 맡아
보려면 취미인 요가나 여행을 못 하기 때문이다. 다달이 나오는
연금으로 당장 돈이 궁한 것도 아니니, 양육비를 지급한다고
해도 그것이 아이를 보는 동기가 되지 않는다.

결국 사회가 풍요로워지고 생활이 편리해지면서 상대적으로 '육아'라는 결코 기계화할 수 없고 가장 원시적인 부분의 '노동'을 남녀노소 불문하고 가장 큰 어려움으로 느끼게 되었다. 그렇다면 적어도 '저출산'을 사회문제로 제기하는 한 육아 문제도 사회전체에서 함께 고민하고 함께 짊어지는 방향으로 나아가는 게 바람직하지 않을까.

여담이지만 '세대분담 육아론'을 부르짖던 그 친구가 결혼해 아이를 낳았다는 얘기는 아직 듣지 못했다. 저출산 문제는 정말로 진행 중인가 보다.

D+130
아내의 질투

벌써 3월이다. 봄이 가까이 왔음을 느낄 수 있는 날이 많아졌다.
직장 다니며 일에 몰두할 때에는 계절 변화에 아무런 관심이
없었다. 하지만 다카시와 있으면 날씨에 따라 그날의 생활이
바뀐다. 신문도 우선 일기예보부터 챙긴다. 맑음이라는 예보를
보면 마음이 설렌다. 다카시를 데리고 봄 햇살을 맞으며
산책하는 기쁨! 아, 그 상쾌함이란!
봄이 오면서 다카시에게 새로운 변화가 생겼다. 이전보다 깨어
있는 시간이 훨씬 길어졌다. 눈을 뜨면 "으앙, 흑, 으앙!(아기침대에서
날 좀 내려줘.)" 하고 큰소리로 운다.
마룻바닥에 내려놓으면 배를 깔고 누워서 고개를 번쩍 쳐든다.
'우는 얼굴', '웃는 얼굴'뿐만 아니라 '응석 부리는 표정',
'토라진 표정' 등 얼굴 표정도 다양해졌다. 밥을 먹을 때도 같이
식탁에 끼워달라고 보챈다.
우유 양도 엄청 늘었다. 모유를 고집하는 아내의 항변도
소용없게 됐다. 모유만으로는 턱없이 부족해졌다.
얼마 전까지만 해도 다카시가 우는 이유는 단순했다.

1. 배고파
2. 기저귀 갈아 줘

3. 더워(추워)

4. 트림이 안 나와 답답해

5. 졸려

6. 똥이 안 나와

이 여섯 가지 이유 가운데 원인을 찾아서 해결하면 울음을 그쳤다.

그런데 3월이 되자 여기에 덧붙여

7. 지금 자세가 지겨우니 자세를 좀 바꿔줘

8. 아기침대에서 나가고 싶어

9. 안아줘

10. 밥 먹을 때 나도 끼워줘

11. 놀고 싶어

12. 산책 가고 싶어

13. 피곤해, 쉬고 싶어

이런 활동적인 이유가 늘어났다.

게다가 하나를 해결하면 곧바로 다음 문제가 튀어나오는 일이 많아졌다. 가령 침대에서 나오고 싶어해서 안으면 똥을 싸고 곧바로 배고프다고 보채는 경우 말이다. 말하자면 엄청 손이 많이 가게 되었다는 얘기다.

반면에 이런 이유들을 해결해주면 정말 싱글벙글 잘 웃는다.

다카시가 우는 이유를 모를 때에는 정말 괴롭다. 처음에는 다카시의 변화에 당황했는데 시간이 얼마 지나지 않아 아기의 감정을 상상하고 그에 맞게 대처할 수 있게 됐다.
문제는 아내였다. 아내는 이런 다카시의 변화에 제대로 대응하지 못했다. 아내는 저녁이나 주말이면 가급적 다카시와 시간을 보내려고 한다. 그럴 때 다카시가 울기 시작하면 허둥지둥 정신이 없다.
"배가 고픈 건가." 하고 모유를 주려고 한다.
아니야, 아니야. 지금 우는 건 배가 고프다는 게 아니야. 놀고 싶다는 얘기야.
하지만 덮어놓고 당신 생각이 틀렸다고 지적하면 기분이 나쁠 테니 우선 조용히 지켜본다.
"잘 안 먹네." 아내가 고개를 갸웃거리기에 "놀고 싶은 거 아닐까?" 하고 가르쳐 주었다.
잠시 아내와 놀던 다카시가 또 울기 시작한다. 손을 휘젓는 것은 졸릴 때 하는 버릇이다. 이번에도 아내는 알아채지 못한다. 질리지도 않는지 또 다시 모유를 주려고 한다. 이번에는 아무 말 없이 아내한테 다카시를 받아서 돌돌 말았다. 어느 샌가 툭 하고 잠이 들어버렸다.
다카시가 내는 그 복잡한 응용문제를 매일 몇 차례나 반복해서

푸는 동안 다카시 머릿속을 빤히 들여다볼 수 있게 되었다.
그런 나와 다카시의 모습을 보며 아내는 질투와 초조감을
느끼는 것 같다.
그렇지만 매일매일 육아의 고충을 겪고 있는 사람에게 이
정도는 당연한 보상 아닐까.

하루 종일 함께 지내는 사람만 알 수 있습니다.

D+135
육아아빠의 고민 ⑤
육아에 무관심한 아빠들

'십인십색'이라지만 아이를 키우는 부부 사이의 관계도 부부마다 특색이 있다. 아내에게는 언니가 한 명 있다. 형님은 은행원, 처형은 전업주부, 아이는 겐타 한 명이다. 우리 집과는 대조적인 가족 구성이다.

형님은 내가 육아휴직을 한다고 했을 때부터 시종일관 회의적인 태도였다.

"매일 뭐 해?" 하고 얼굴을 마주칠 때마다 묻는다. 남자가 육아휴직을 하면 집에서 무슨 일을 하는지 무척 궁금한 모양이다.

무슨 일을 하냐고? 아침에 일어나서 쌍둥이를 어린이집에 데려다 주고, 아내 회사 보내고, 아침식사 뒷정리를 한다. 다카시랑 놀다가 졸려 하면 재운다. 아이가 자는 사이 집 정리와 청소를 하고나면 점심 먹을 시간이다. 그러는 사이 다카시가 깨면 우유를 준다. 오후가 되면 산책을 나서고, 돌아오는 길에 장을 보고, 집에 와서는 또 다카시를 재운다. 저녁 준비와 목욕 준비를 하고 아내가 돌아오면 어린이집에 애들을 데리러 간다. 모두 같이 저녁을 먹고 애들 셋을 목욕시키고 빨래,

잠자리 준비, 다음 날 어린이집 갈 준비를 마치면 하루가 끝난다.
아마도 보통의 엄마들이 집에서 하는 일과 거의 비슷할 것이다.
보통의 아빠들은 집안일에 손끝 하나 까딱 안 하고 아내가
집에서 매일 무슨 일을 하는지 모르니, 집에 있으면 해야 할
일이 얼마나 많은지 상상도 못 한다. 육아의 주체가 남자든
여자든 집안일에 차이는 없다.
어느 날 처형이 부탁을 했다.
"어린이집 부모간담회가 있어서 그러는데 겐타 좀 몇 시간만
맡아주면 안 될까?"
늘 처형 부부한테 신세만 져왔고 거절할 이유도 없어서 일단
알았다고 했다. 그렇지만 곰곰이 생각해보니 은행원인 형님이
있다. 육아에 대한 형님의 생각을 바꿀 좋은 기회다.
"이런 때일수록 반차를 내서 아이와 함께 지내보면 어떨까요?
직장 여직원들이 보는 눈도 달라질걸요."
형님에게 제안을 했다.
"흠."
대답이 없다. 은행은 휴가를 마음대로 쓸 수 없는 분위기인가?
"물론 안되면 제가 볼 테니까 연락 주세요."
선택의 여지를 남겨 두었다.
부모간담회 날, 형님이 휴가를 내는 일은 없었다. 겐타는 시간제

보육시설에 맡겨졌다. 휴가를 내지도 않았고, 그렇다고 왜
아빠가 휴가를 내지 않느냐는 질문을 받기도 싫었던 것 같다.
그러던 어느 날 처형이 가정지원센터의 서포트 회원이 됐다는
소식을 들었다. 맞벌이 부부들을 위해 일정 비용을 받고
아이들을 돌봐주는 일종의 자원봉사이다. 회원에게는 얼마간의
사례금도 나온다고 한다.
그런 처형을 두고 형님이 한마디 한다.
"아내는 이제 그런 일밖에 못하나 봐."
그 말을 듣고 우리 부부는 너무 어이가 없었다.
결혼하면서 남편은 바깥 일을, 아내는 집안일을 하게 됐다고는
하지만 결혼 전에는 둘이 같은 직장에 다녔다. 나이 차이도
별로 나지 않고 학력도 똑같이 4년제 대학을 졸업했다. 그런데
주말에도 애 보는 일을 아내한테 떠맡겨놓고 자기계발할
기회조차 빼앗고서는 아내는 그런 일밖에 못한다니!
삶을 함께 꾸려가는 동반자가 아내는 그런 일밖에 못한다고
말하는 것은 무책임한 짓이다. 직장에서 이런 40대
중간관리자와 부딪히는 젊은 여성들은 결혼할 마음이 싹
사라질 것이다. 게다가 육아를 '그런 일밖에'라고 말하다니!
애 보는 일을 무시해도 유분수다!
하지만 처형네 부부 사이는 원만하다. 아이도 건강하고

성격 좋은 아이로 잘 자라고 있다. 이런 말 꺼내봤자 참견이 지나치다는 말이나 듣겠지. 처형네 부부도 우리 집에 하고 싶은 말이 엄청 많을 것이다. 그 집은 그 집대로, 우리 집은 우리 집대로 살아갈 수밖에.

D+140
아내들이 퇴근한 남편에게 할 말이 많은 이유

중학교 때부터 친구인 녀석이 4월에 지방으로 자리를 옮긴다며
가기 전에 보자고 연락을 해왔다. 전근 가기 전이라 시간 여유가
좀 있는지 평일 낮에 집 근처 패밀리 레스토랑으로 찾아왔다.
물론 나는 다카시와 동행이다.
허물없는 사이라 세계 정치·경제 정세부터 집안 살림, 육아의
고충까지 늘어놓다가 다카시가 우는 소리에 말을 멈추고 시계를
보니 벌써 시간이 훌쩍 흘렀다.
"우리 마누라랑 똑같네. 정말 쉴 새 없이 말하는구나."
친구는 반쯤 질린 얼굴이다.
그 집도 매일 밤 전업주부인 아내가 친구를 붙잡고 계속 떠드는
모양이다.
"집에 있으면 이것저것 하고 싶은 말이 쌓이지? 알아, 알아.
나도 매일 밤 아무리 술 마시고 늦게 들어가도 꼭 한 시간은
마누라랑 한잔 하니까."
친구는 내 모습에서 전업주부인 아내가 떠올라서 당황했던 것
같다.
잠시 뒤 친구는 집 밖에서까지 마누라랑 똑같은 수다를
받아주고 있을 수 없다는 표정으로 얘기가 잠시 끊긴 틈을 타

도망치듯 가버렸다. 이 일로 전업주부가 수다쟁이가 되는 것은
여자이기 때문이 아니라 집에 있기 때문이라는 걸 깨달았다.
그날도 아내에게 어린이집과 집에서 있었던 일을 보고하고
있었다.
"겐토도 의외로 상냥한 데가 있어. 오늘 어린이집에 로시라는
애가 새로 왔는데 겐토가 같이 손잡고 놀더라니까. 다른 애들은
아무도 로시랑 안 놀아주는데 말이야."
"오늘 갑자기 다카시가 아기침대에서 딸랑이를 집어던졌다니까.
밖으로 던져놓고는 '집어 줘'라고 울어대니 이젠 정말 데리고
놀기 힘들어."
"다카시는 이제 가끔 돌아눕기도 해. 그런데 배를 깔고 누웠다가
뒤집는 것은 해도 반대로는 못 하더라고."
나는 오늘 발견한 일들을 아내에게 얘기하고 싶어 입이
근질근질하다. 그러면 아내도 자기 일처럼 맞장구쳐 줘야
되는데….
"옛날에 자기는 내가 그런 말 하면 시끄럽다고 했어."
아내가 웃는 얼굴로 찬물을 끼얹었다.
뭐야? 그 말은 지금 시끄럽다는 얘기? 하루 종일 집안의
중대사를 도맡아 하고 있는데, 시끄럽다니!
하지만 아내에게는 대놓고 시끄럽다고 말하지 않을 정도의

배려심이 있다. 반면에 나는 이미 '시끄럽다'고 말한 원죄가 있으니 불평할 자격이 없다.

밤이 되면 아내에게 하고 싶은 말이 산더미처럼 쌓입니다.

D+145
육아에도 타이밍이 있다

겉으로는 육아 스트레스를 피하기 위해 무리하지 않는
육아를 내세우고 있지만, 실제로는 태생적으로 게으른 성격을
정당화하기 위한 방편이기도 하다.
다카시의 귀에서 이상야릇한 냄새가 나도 내 체취랑 비슷한
냄새가 난다고 생각했을 뿐 그리 심각하게 여기지 않았다.
다카시의 귀에서 코딱지만한 큰 덩어리가 나와도 '아기 치고는
엄청 큰 귓밥이네'라며 웃어넘겼다.
그리고 며칠 후 아내가 기겁하며 말했다.
"다카시 귀에서 고름이 나와."
에코가 어렸을 때에도 이런 증상이 있었다. 그때처럼
중이염일지도 모른다.
"도대체 이렇게 될 때까지 뭘 한 거야!"
아내는 날 잡아먹을 듯이 몰아붙였다. 분명 냄새도 그렇고
코딱지 같은 덩어리도 그렇고 징조는 있었다. 그 징조를 모르고
있었던 게 아니라 심각하지 않게 받아들였을 뿐이다. 하지만
그런 주장을 한들 아내는 '궤변'이나 늘어놓는다며 콧방귀도
안 뀔 것이다.
"정말 당신한테 맡겼다간 큰일 나겠어."

무신경한 아빠로 찍힌 나는 다카시를 병원에 데리고 갈
자격마저 박탈당했다. 아내가 데리고 나갔다.
역시 중이염이었다. 영유아는 한 번 중이염에 걸리면 재발하기
쉽고 심하면 고막을 절개하게 될지도 모른다. 청각장애가 남을
가능성도 있다고 하니 조심해야 한다.
생각해 보면 이번에 중이염에 걸리기까지 육아책은 거의
거들떠보지도 않았다. 쌍둥이를 키워본 경험을 믿고 자만했던
것이다.
더 큰 이유는 시중에 나와 있는 육아책의 디자인과 표현이
대부분 엄마들만 겨냥하기에 본능적으로 거부감이 들었다.
아기가 그려진 만화 그림에 풍선 속 대사가 적혀 있는
일러스트를 보면 '민망하게 이런 책을 어떻게 들고 다녀'라는
생각이 든다.
과학적이고 이성적인 내용에 사람들 있는 데서 읽어도 창피하지
않은 표지 디자인의 육아책이 나온다면 이렇게까지 거부감을
느끼지 않을 텐데. 지금은 육아책에 대한 남성들의 구매 욕구가
낮으니 상품성이 떨어져서 만들지 않는 것일 수도 있다.
중이염을 계기로 여전히 거부감을 느끼면서도 육아책을 읽기
시작했다.
빠르기도 하지. 다카시는 벌써 5개월이다. 슬슬 이유식을

준비해야 한다. 빠른 아기는 3개월 정도부터 이유식을
시작하기도 한다. 쌍둥이 때는 5개월 무렵부터 부모가 먹는
걸 지켜보면서 자연스럽게 이유식을 시작했다. '무리하지 않는
육아'가 좌우명이니 다카시도 그런 때가 오겠지 하고, 무리하게
시도하지 않고 내버려뒀다.

자세히 보니 아랫니 두 개가 잇몸을 뚫고 막 나오려 한다. 이가
나왔다는 것은 슬슬 이유식을 시작해야 한다는 신호다.
먼저 다카시한테 딸기를 줘봤다. 덥석 달려들며 만족스러운
표정을 짓는다.

다음으로 과립 상태의 야채죽을 뜨거운 물에 끓여서 줬다.
싫은 표정을 지으며 혀로 뱉어낸다. 특별히 공들여 준비한 게
아니니 뱉어낸다고 화낼 입장도 아니지만, 그래도 첫 시도인데
서운했다. 맛이 어떻기에 그러지. 내 입에 넣어 봤다. 이런 맛이면
뱉어낼 만도 하다.

정성 들여 만든 아빠표 이유식이라면 맛있게 먹으려나? 다시마
국물로 걸쭉한 죽을 만들었다. 심심하지만 먹을 만했다. 입에
넣어 주니 오물오물 잘 먹는다. '야호, 잘 먹네!'라고 생각한 순간
입에서 비죽비죽 새어 나온다.

이럴 땐 좌절감이 몰려온다. 이도 나기 시작했고 맛도 나쁘지
않다. 먹지 않을 이유가 없다. 도대체 이유를 모르겠다. 에휴,

애 키우는 데 논리는 통하지 않는 법. 원하지 않는다는 것은 아직 필요하지 않다는 말이겠지. 아이한테는 아이한테 맞는 페이스가 있다. 어차피 언젠가는 먹겠지. 이유식은 잠시 중단하기로 했다.

완벽한 이유식을 만들었다고 생각했는데….

D+150
뿌리 깊은 편견

주말이 되면 가족이 함께 교외에 있는 쇼핑센터에 자주 간다.
무빙워크 시설 등 건물 전체가 아이들이 다니기에 편리한
구조로 이루어져 있다. 건물 주변에는 녹지가 많고 인도도
넓다. 도심에 있는 상업시설과는 분위기가 많이 다르다. 이런
환경 때문인지 우리 사회에 저출산 문제가 있나 싶을 정도로,
아이들을 데리고 나온 가족들로 늘 붐빈다. 워낙 아이들이 많다
보니 쌍둥이가 시끄럽게 돌아다녀도 신경 쓰지 않고 느긋하게
쇼핑을 즐길 수 있다.
"출퇴근이 좀 힘들어도 차라리 이런 곳에서 살면 좋겠어."
아내와 얘기를 주고받는다. 아이의 존재는 살 곳을 정하는 데도
큰 영향을 끼친다.
다카시가 울어서 다 같이 수유 코너로 갔다. 아내가 다카시와
수유실에 들어가 있는 동안 에코와 겐토의 기저귀를 가는
일 말고는 별로 할 일이 없다. 문득 벽을 쳐다보니 '육아맘
모집'이라는 홍보물이 붙어 있다. 육아용품 광고 모델로 활동할
엄마와 6개월 이상 된 아기를 모집한다는 내용이다. 애 키우는
아빠는 여기서도 문전박대다.
순간 이 대형 마트 모델 모집에 응모해 과감하게 편견에

맞서볼까 하는 생각이 들었지만 관두기로 했다. 이유는 세 가지.
첫째, 다카시는 아직 5개월밖에 안 됐다. 6개월 이상이라고
했으니 자격 요건에서 걸린다.
둘째, 결국은 광고를 해야 한다. 당연히 엄마를 뽑겠지. 애당초
'엄마 모델 모집'이라는 광고를 아무런 거리낌 없이 내놓는
광고주다.
셋째, 육아를 도맡아 하는 아빠는 이런 일에 시간을 쓸 만큼
한가하지 않다.
전국에서 1, 2위를 다투는 대형 마트가 이 정도의 의식
수준이라니. 아빠의 육아휴직, 아직은 먼 나라 얘기다.
그러고 보니 사소한 부분이지만 거슬리는 일이 한두 가지가
아니다.
"언제까지 아빠가 데리러 오나요?"
3월 말쯤인가 어린이집 선생님이 물은 적이 있다. 아무런 악의가
없다는 것을 알면서도 발끈하게 된다.
'언제까지라는 기한은 없습니다. 어째서 선생님은 어린이집에
애를 데리러 오는 일이 원래는 엄마의 일이고 아빠는 부차적인
존재라는 전제를 두고 말씀하십니까?' 라고 속으로 외친다. 이제
겨우 어린이집 선생님들과 친해졌는데 괜히 이런 일로 시비를
걸었다간 철없다는 소리나 듣겠지.

요즘은 '육아맘'이라는 표현이 눈에 거슬립니다.

"아니, 뭐, 당분간입니다만."

멋쩍은 표정으로 대답했다.

또 있다. 예를 들면 '산모수첩'. 병원에 갈 때마다 '산모수첩'을 달라는 말을 듣는다. '육아수첩'이라고 하면 안 되나. 산모수첩 내용을 읽어보고 조금 이해가 가기는 했다. 임신 중인 엄마의 건강 상태를 기입하는 부분이 있었다.

NHK 교육 프로그램인 〈엄마와 함께〉도 그렇다. 내용을 보면 등장하는 남성과 여성의 성비도 비슷하고 부모가 아이의 양치질을 마무리해주는 코너에서는 '마무리는 아빠가!'라고 말하며 남성이 등장하는 부분도 있다.

그렇다면 〈아빠 엄마와 함께〉로 이름을 바꾸면 어떨까. 이번에 NHK 수신료를 받으러 오면 제안해 봐야겠다. 이런 운동은 작은 일부터 하나하나 해나가는 것이 중요하니까.

D+155
육아아빠의 고민 ⑥
어린이집 입소 시기

곧 4월 1일이다. 생후 5개월을 갓 지난 다카시는 제대로 앉지도 못한다. 아직 다른 사람 손에 맡길 수 있는 상태는 아니다. 원래 육아휴직 기간은 1년으로 신청했다. 하지만 4월 1일 국공립 어린이집 입소 시기를 놓치면 1년을 더 기다려야 한다. 육아휴직이 끝나는 11월 1일에 국공립어린이집 0세반에 자리가 있을지는 미지수다. 이런 상황 때문에 민간 어린이집에 보낼지, 다소 무리를 해서라도 4월 1일에 복직을 하고 국공립 어린이집에 보낼지 고민하는 부모가 많다고 한다.

그렇다면 하는 김에 1년 반 육아휴직을 하면 어떨까. 이럴 경우 다른 장애물이 있다. 우선 육아휴직 수당은 1년밖에 안 나온다. 육아휴직 수당은 급여의 40%인데, 수입이 줄어든 육아휴직 기간 중에는 그나마 이게 어딘가. 이 수입원이 끊어지는 건 가정 경제에 큰일이다.(일본의 경우 2010년 4월 육아휴직 수당은 급여의 50%로 개정됐으며, 어린이집을 구하지 못한 경우 육아휴직 수당 지급 기간을 최대 1년 6개월까지 연장할 수 있도록 했다.-옮긴이)

그뿐만 아니라 둘째가 태어나 부모가 육아휴직을 하면 첫째 아이는 출산 후 1년간만 어린이집에 맡길 수 있다.

요미우리 신문(2005년 2월 18일)에 첫아이의 어린이집 등원 제한 때문에 육아휴직의 괴로움이 크다는 기사가 실렸다. 요약하면 이런 얘기다.

'둘째 아이 때문에 2년간 육아휴직을 하려고 하는데 갑자기 구청에서 첫째 아이를 받아줄 수 없다는 연락이 와서 괴롭다. 지자체 규정에 육아휴직을 하면 최장 1년밖에 아이를 맡길 수 없다고 한다. 앞으로 6개월 후면 어린이집 졸업인데 지금 그만두면 어디에 보내야 하나. 육아휴직을 3년 동안 쓸 수 있도록 바꾼다고 해도 이런 상황이 바뀌지 않으면 그림의 떡이다. 육아휴직을 1년만 쓰고 1년 후에 복직을 해야 하나 고민하고 있다.'

맞아, 맞아. 나도 아이를 키우는 일은 처음이다. 만약 다카시뿐 아니라 에코랑 겐토가 어린이집에 가지 않고 아침부터 밤까지 하루 종일 집에만 있어야 한다면 1년이 넘는 육아휴직은 꿈도 꾸지 않을 거다. 어린이집에 애를 보내지 않고 둘씩 셋씩 키우고 있는 전업주부(혹은 아빠)들에게는 죄송한 말이지만 나에겐 도저히 무리다. 이것이 내가 육아휴직을 1년으로 정한 가장 큰 이유일지도 모른다.

어차피 아이를 돌보기 위해 육아휴직을 한 것인데 아이가 어린이집에 들어가기 전까지는 육아휴직 수당을 지급해주고 큰 아이를 어린이집에 맡길 수 있도록 하는 것은 어떨까?
덧붙이자면 육아휴직 계획 변경 기회가 한 번뿐인 것도
개선해야 할 부분이다. 분명 계획을 자주 변경한다면 회사
측에서도 곤란한 부분이 생길 것이다. 하지만 아이가 태어나기
전 육아휴직 계획을 제출하는 시점에서 1년 뒤 아이의 성장
상태나 어린이집 입소가 어찌 될지 누가 알 수 있겠는가.
11월부터 다카시를 맡길 어린이집이 있을지 갑자기 불안해졌다.
우선 홈페이지를 둘러봤다. 정말 다양한 민간 어린이집이 있다.
시간당 약 5,000원 정도 하는 저렴한 곳도 있고, 24시간 내내
돌봐주는 곳도 있다. 반대로 한 달에 120만 원이나 하는 고액에
다양한 서비스를 내세우는 곳도 있다.
다카시랑 산책 나간 김에 그중 한 곳에 들렀다. 우리 집 거실
정도의 크기에 아이들 열 명 정도가 있다. 똥오줌 냄새랑 분유
냄새가 섞인 야릇한 냄새가 나는 것은 우리 집과 비슷하지만
그다지 끌리는 환경은 아니다. 그래도 보육료는 국공립
어린이집보다 비싸다. 왜 국공립 어린이집과 민간 어린이집이
이렇게 차이가 나는데도 그냥 놔두는 것일까.
홈페이지를 둘러보니 어린이집이 죄다 인지교육과 영어교육을
내세우고 있다. 가장 저렴한 곳조차도 당당히 인지교육을
한다고 홍보한다. "뭐야, 다들 미쳤나. 어린이집은 아이만 잘

돌보면 되지 왜 이런 쓸데없는 데에 신경을 쓰지? 돈도 더 들 텐데." 컴퓨터를 쳐다보며 혼자서 중얼거렸다.

문득 이런 생각이 들었다. 엄마(아빠) 입장에서는 아이를 보육시설에 맡기고 일을 하는 것에 약간의 죄책감이 들지도 모른다.

"내 자아실현을 위해 아이를 희생양으로 삼고 있나?"
"어린이집에 아이를 맡기고 일하는 것 자체가 경제적 풍요 등 내 가치관만 고집하는 것은 아닐까?"

이런 죄책감이 마음 한편에 자리 잡고 있는 것은 아닐까. 어린이집이 인지교육, 영어교육, 유리드믹스 체조(음악을 몸으로 표현하는 놀이 교육-옮긴이)를 한다고 광고하는 것은 부모의 죄책감을 감추는 데 도움이 될지도 모른다. 보육뿐만 아니라 아이에게도 인지 발달을 위한 환경이 필요하기 때문에 어린이집에 보낸다는 구실을 제공해주기 때문이다. 이렇게 생각하니 홈페이지에 나온 광고 문구가 이해됐다. 우리 집은 이런 구실은 필요 없다. 인지교육이나 영어교육에 혹하지 말고 어린이집을 고르자.

D+160
응급상황 대처 요령

목욕탕에서 아내의 비명소리가 들려왔다.
"겐토! 겐토! 겐토!"
분명 아내의 목소리가 평소와 달랐다.
목욕 후 옷을 갈아입히던 다카시를 놔두고 뛰어갔다.
겐토가 눈이 뒤집힌 채 아내 품에 안겨 있다. 어떻게 된 일인지 자세히는 모르지만 욕조에 빠진 모양이다.
팔다리가 꼿꼿하게 뻗고 숨이 멎어 있다. 온몸이 새파랗다.
"빨리 입 벌리고 숨 쉬게 해야 해!"
아내한테서 겐토를 낚아채듯 빼앗아 세면대 앞에서 입에 손가락을 찔러 넣었다. 이를 꽉 다물고 있어 손가락이 잘 들어가질 않았다. 어떻게든 손가락을 쑤셔 넣었다. 손가락이 끊어질 것 같다. 여전히 숨은 쉬지 않는다. 목구멍 끝까지 공기가 통하도록 억지로 벌리지 않으면 안 된다.
"빨리 119 불러!"
아내한테 소리쳤다. 아직도 숨은 쉬지 않는다. 이대로 아이를 잃을지도 모른다는 생각이 머릿속을 스쳤다.
"겐토!"
나도 모르게 소리쳐 부른다.

그 소리에 반응한 것인지 목구멍 속으로 찔러 넣은 손가락이
효과가 있었는지 "후!" 하고 숨이 터져 나왔다.
다행히 다시 숨을 쉬기 시작했다. 숨 쉬는 걸 확인하니 좀
안심이 되었고 손가락에 엄청난 통증이 느껴졌다. 아내가 겐토
입에 수건을 넣은 사이 손가락을 뺐다. 그리고 겐토를 안아
침대에 눕혔다. 전화벨이 울렸다. 119다. 겐토의 상태를 묻는다.
욕조에 빠져 온몸이 경련을 일으키고 있다고 말했다.
"의식은 있습니까?"
119대원이 묻는다. 겐토는 침실에 있어 상태가 어떤지 모른다.
"의식은…"
머뭇거리고 있는데 침실에서 아내가 소리친다.
"의식이 없어."
"의식이 없습니다."
5분 정도 후에 119대원 세 명이 달려왔다.
"얼마나 오래 물에 빠져 있었습니까?"
"30초도 안 돼요."
아내가 대답한다. 산소호흡기를 댄다. 119대원 모두 긴박하게
움직였다. 맥박과 동공을 확인하고 체온을 잰다. 38.5도. 아내가
119대원과 함께 겐토를 데리고 나갔다.
돌아보니 겐토랑 같이 목욕하던 에코가 발가벗은 채로 집안을

돌아다니고 있다. 다카시 역시 옷도 안 입은 채 누워 있다. 온몸에 소름이 끼쳤다.

한 시간 뒤 아내에게 전화가 왔다. 겐토는 열성경련이라고 한다. 아마도 물에 빠지기 직전에 경련이 시작됐고, 의식을 잃고 욕조에 빠진 것 같다고 한다. 오히려 경련 때문에 물을 먹지 않아 뇌에도 이상이 없다고 설명한다.

정말로 애 키우는 일은 한시도 마음을 놓을 수 없다. 육아휴직 중이고 나도 아내도 집에 있었을 때 사건이 터졌으니 망정이지, 둘 중 한 명이 집에 없었다면 정신없이 허둥대다 에코도 욕조에 빠지거나 다카시가 아기침대에서 떨어지는 등 또 다른 사고가 일어났을지도 모른다.

이번 경험을 통해 육아에는 체력과 완력이 중요하다는 걸 새삼 깨달았다. 모유는 엄마가 지닌 생물학적 장점인 반면 체력과 완력은 아빠가 지닌 생물학적 장점이다. 생물학적으로도 아빠는 육아에 적합하다. 엄마에 대한 육아 열등감을 다시금 극복하는 계기가 됐다.

D+170
봄은 만남과 이별의 계절

4월은 이별과 만남의 계절이다. 어린이집도 예외는 아니다.
신학기 시작이 가까워지면서 에코의 짜증이 심해졌다.
오랜만에 모임에 나간 어느 날, 밤 10시 좀 넘어 휴대폰을
확인했더니 아내로부터 문자메시지 두 통, 부재중전화 다섯 통이
와 있다. 무슨 일이 생겼나?
서둘러 전화를 했더니 에코가 아빠를 찾으며 울고 있다고 한다.
아무래도 윗반 아이들이 슬슬 졸업할 때가 되니 신경이 쓰여
마음이 뒤숭숭해진 듯하다. 윗반 언니들이 졸업한다는 얘기를
엄마한테 듣고는 계속 아빠를 찾으며 울고불고 난리라고 했다.
6개월 전에는 상상조차 할 수 없던 아빠의 존재감! 이까짓
모임 때문에 그 신뢰를 허물어뜨릴 수는 없지. 서둘러 자리를
정리하고 집으로 향했다.
그리고 에코한테 천천히 설명했다.
"봄은 사람들과 헤어지는 계절이기도 하지만 새로운 사람을
만나는 계절이기도 해. 사람은 이렇게 헤어지기도 하고 만나기도
하면서 쑥쑥 커가는 거야."
얼마나 이해했는지 모르지만 아이는 고개를 끄덕끄덕한다. 그날
밤은 그대로 에코와 함께 잠이 들었다.

4월 1일, 원장선생님이 새로 오셨다. '제가 원장입니다'라고
인사를 건네는, 시원시원한 성격이다. 선생님들도 인사이동이
있어서 삼분의 일 정도가 바뀌었다. 어린이집 분위기도 그
때문인지 많이 달라졌다.

4월이 되어 생긴 또 하나의 변화는 만 0세 아기들이 들어온
것이다. 아무것도 모르는 이 아기들이 어린이집 분위기에 직접
영향을 미치지는 않는다. 오히려 어린이집 분위기를 좌우하는
것은 만 0세 아기들의 엄마들이다.

만 0세 아기를 맡기고 일에 복귀한다는 걱정과 긴장감이 있을
테지. 애 키우는 일에도 아직 충분히 적응이 안 됐을 테고.
하지만 이런저런 요소를 고려한다고 해도 만 0세 아기들의
엄마는 여유가 너무 없다. 얼굴이 완전히 굳어 있다. 딱 2년 전
우리 부부의 모습을 보는 듯하다.

어린이집에서는 모르는 부모들끼리도 "안녕하세요." 하며 인사를
하는데, 그런 인사를 주고받을 여유조차 없나 보다. 아직 멀었네.
저래서 장기전에 어떻게 버티려고. 어느새 육아 전문가가 되어
느긋한 마음으로 그 모습을 지켜보고 있다.

D+175
옹알이 번역기

다카시는 눈에 띄게 쑥쑥 큰다.
'툭' 하고 꽃잎 떨어지듯 잠을 재우던 '돌돌 말아 재우기'가
더이상 통하지 않는다. 손발을 휘저으며 수건을 쳐내버린다. 팔과
다리 힘이 엄청 강해졌다. 그래도 억지로 말려고 하면 "우웅,
우웅!" 소리를 내며 강하게 거부한다.
'가만히 둬! 일어나고 싶을 때 일어나고 자고 싶을 때 잘 거야.'
이렇게 말하는 것 같기도 하다.
아침에 일어났을 때 "잘 잤니?"라고 말을 걸면 방긋 웃기도
한다. 엄마랑 아침에 헤어질 때도 손을 흔든다. 뭐, 손을 드는
정도지만 다른 때는 그런 동작을 안 하니, 손들어 인사하는
걸로 봐야겠지.
분유도 아빠가 주면 먹는데 엄마가 주면 입도 대지 않는다.
엄마는 모유, 아빠는 분유라고 생각하는 것 같다. 뭔가 사리
분별이 생긴 모양이다.
아기침대 안에서는 나팔을 불거나 장난감을 갖고 논다. 아직
기어다니지는 못하지만 10분 정도는 앉아 있을 수도 있다.
앉아 있는 시간이 길어지면서 혼자 기분 좋게 노는 사이에
나도 책을 읽을 수 있게 되었다. 물론 언제 고꾸라져 머리를

부딪칠지 모르니 옆에 붙어 있어야 한다. 책을 손에 잡고
있으면 갑작스러운 일에는 대응을 못 한다. 이럴 땐 양발 사이에
다카시를 앉히고 넘어질 듯하면 발로 축구공을 튕기듯이
다카시의 자세를 바로잡는 게 최선의 방법이라는 걸 알아냈다.
좋았어, 바로 이거야.
가장 두드러진 변화는 옹알이다. 다카시가 똑부러진 발음으로
"빠빠빠빠" 소리를 내기 시작했다.
아이와 지내기 전까지는 몰랐는데 말은 어느 날 갑자기
튀어나오는 게 아니었다. 맨 처음 내뱉은 말이 무엇인지도
명확하지 않다. 하지만 내게는 이 단어가 분명 '아빠'라고 들린다.
아내도 처음에는 고개를 갸웃거리더니 다카시가 또박또박
"빠빠빠"하는 소리를 듣고 나서는 순순히 수긍했다. 결국
다카시가 맨 처음 한 말은 '아빠'로 인정받았다.
다카시는 "빠빠" 외에도 가끔 '아빠 없다'는 말을 하기도 한다.
우연히 그렇게 들리는 건지 정말 그런 말을 하는 건지 알 수는
없지만 말이다.
뜻이 통하지 않는 옹알이지만 뭔가 하고 싶은 말이 있는 것은
틀림없다. 아, 무슨 말을 하는지 진지하게 들어주고 싶다.
"다카시는 무슨 말을 하는 걸까. 옹알이 번역기는 누가 안
만드나? 개 짖는 소리를 번역하는 기계도 있다던데."

옹알이를 번역해주는 기계를 상상해봤습니다.

"나도 에코랑 젠토 볼 때 그런 생각을 했었어. 저 말을 알아들으면 얼마나 좋을까 하고."
그러고 보니 말을 할 줄 모르는 아기는 베이비 사인이라는 몸짓을 통해 부모와 의사소통할 수 있다고 아내가 열심히 설명했던 일이 떠올랐다.
"그런데 에코랑 젠토가 말을 시작할 때 보니까 '엄마 안아줘', '안판치(호빵맨의 주특기로 한쪽 팔을 쭉 뻗어 날리는 펀치-옮긴이)' 이런 말밖에 안 하더라고. 다카시도 아마 똑같지 않을까."
엥. 그런 거였나. 감상적인 기분이 싹 사라졌다. 의미가 통하지 않으니 그야말로 뭔가 신성하다고 할까, 베일에 싸인 듯 신비감마저 느꼈는데, 약간의 실망감마저 든다. 옹알이여서 더 편하게 내 마음대로 해석하던 때가 훨씬 좋았다.
하루 종일 다카시가 '우유, 우유', '안아줘, 안아줘' 하고 외치는 소리를 듣는다면 틀림없이 괴로웠으리라. 옹알이 번역기가 없어서 다행이다.

D+180

육아아빠의 고민 ⑦
일과 육아, 둘 다 감당할 수 있을까

4월 18일, 다카시가 태어난 지 6개월이 지났다. 나의 육아휴직도 반환점을 돌았다. 이제 영아돌연사증후군에서 해방됐다는 안도감이 첫 소감이다. 출생 후 반년까지는 영아돌연사증후군 위험성이 높다고 한다. 다른 부모들과 얘기를 해보면 6개월까지는 '엎드려 재우지 않는다', '담배 연기를 가까이 하지 않는다' 등 특별히 더 주의하는 부모가 많다. 나도 예외가 아니었다. 영아돌연사증후군을 막기 위해 긴장을 늦추지 않고 아이를 돌봤다. 이제 최소한의 책임은 다했다는 생각에 한숨을 돌렸다. 육아휴직이 반이나 지나서인지 초조한 기분도 들었다. 육아휴직 초반에는 집에 아이랑 둘만 남는 일이 공포스러울 정도였고 출근하는 꿈도 자주 꾸었다. 그런데 지금은 육아 스트레스에는 익숙해져 이대로 전업주부를 해도 괜찮겠다는 생각이 머릿속을 스치기도 한다.

육아에 대한 걱정보다도 오히려 6개월 후 복직에 대한 막연한 불안감, 특히 어떻게 하면 일과 육아 모두를 부부가 함께 해나갈 수 있을까 하는 고민이 점점 커졌다.

지금은 육아휴직 중이니 육아에만 전념할 수 있고 일에 대한

압박감은 없는 상태다. 하지만 복직하면 야근을 할 것인가, 칼퇴근을
할 것인가를 두고 매일 사상 검증이라도 받듯이 쫓길 게 틀림없다.
오랜만에 술자리에 나갔다. 대학 동기들 중 정부부처에 근무하는
친구들끼리 부정기적으로 만나는 모임이다. 그 자리에서 육아휴직이
얼마나 생활을 풍요롭게 해주는지 혼자서 한참을 떠들었다.
그러나 다르다. 아무래도 뭔가 보이지 않는 벽이 느껴진다.
'그러니까 말하자면 넌 우리랑 다른 길을 걷기 시작했다는 거잖아.'
'필사적으로 자기 합리화를 하고 있군.'
이런 표정들이다.
술자리 분위기를 썰렁하게 만들 의도는 없으니 얼른 다른 화제로
옮겼다. 그 사이 육아휴직이라는 선택에 나름 자부심을 갖게 된
덕분에 주변 분위기가 냉랭하다고 동요하지는 않는다. 오히려 다양한
가치를 허용하지 않는 모습에 측은한 마음이 들었다. 인간은 자기가
이해할 수 없는 가치관에 맞닥뜨리면 무시해 버린다.
깊은 밤, 술자리를 끝내고 집으로 돌아오는 길에 모임을 주최한
친구가 "잘 지내는 것 같아 보여 다행이다." 라며 말을 건넸다. 몇 년
전 자살한 대학 동기를 떠올리며 혹시 구원의 손길을 내밀어야 하는
건 아닌지 걱정했다고 한다.
아, 남자와 육아 사이에는 정녕 건널 수 없는 강이 있는 것일까?

D+185
소아과 풍경

생후 6개월이 되자 보건소에서 폴리오(소아마비) 예방접종 안내장이 날아왔다. 정해진 날짜에 맞춰 지정 병원으로 갔다. 입구에는 유모차가 쭉 늘어서 있다. 건물 안으로 들어가니 다카시와 비슷한 개월의 아기와 부모들이 있다. 얼핏 30명 정도는 되는 것 같다. 그중 아빠는 역시 나 혼자다.
기다리는 동안 쓱 주위를 둘러봤다. 3개월 정기검진 때에는 출산후 얼마 되지 않아서인지 엄마들의 모습이 대체로 비슷했다. 그런데 6개월이 지나자 체력과 기력이 어느 정도 회복된 모양이다. 엄마들은 두 개의 그룹으로 확연하게 구분됐다.
패션 잡지에서 막 튀어나온 듯한 엄마들이 눈에 확 띈다. 엄마도 멋있게 차려입었지만 아이도 유명 브랜드의 옷을 입고 있다. 3개월 정기검진 때에는 볼 수 없었던 풍경이다. 전체의 사분의 일 정도는 이런 분위기의 엄마다. 아뿔싸, 구깃구깃한 운동복 상의에 청바지, 후줄근한 차림으로 나온 게 왠지 창피했다. 하지만 나머지 사분의 삼은 체력적인 이유에서인지 경제적인 이유에서인지는 모르지만 내 몸 챙길 겨를이 어디 있냐는 분위기를 풍기는 엄마들이다. 혼자서 아이 둘을 데리고 온 엄마도 많다.

정도의 차이는 있겠지만 누구나 예쁘게 차려입고 싶은 마음은 있는 법이다. 그럼에도 불구하고 애 때문에 자기 몸 챙길 여력은 없는 엄마가 있는 반면 여유만만하게 멋있게 차려입은 엄마도 있다. 이런 광경을 보고 있자니 요즘 젊은 여성들이 애 하나도 벅차다고 생각하는 것은 당연하다 싶다.

"다카시, 봐봐. 저 형아, 겐토 형이랑 똑같은 신발 신었어."

"아, 형이 있나 봐요."

"네, 곧 세 살이 돼요."

"우리 애는 좀 늦되어서 네 살인데도 아직 호빵맨을 좋아해요. 또래들은 대부분 파워레인저로 넘어갔는데."

아이 얘기가 나오면 곧바로 대화가 탄력을 받는다.

30분 넘게 기다렸더니 이름을 부른다. 폴리오 백신 접종은 주사가 아니라 입에 넣는 약이었다.

"아버님, 기저귀 갈고 나서 손 깨끗이 잘 씻으세요." 간호사가 말한다.

"애가 아니라 제가요?"

"백신 바이러스가 대변으로 배출되거든요. 기저귀 갈 줄 모르세요?"

그렇군, 그런 이유 때문이군. 하지만 간호사의 이어진 질문에 불쑥 반발이 일었다.

'아빠들 중에 나만큼 잘 가는 남자 있으면 나와 보라고 하세요!'

모든 엄마들은 예쁘게 차려입고 싶은 마음입니다.

D+190
아이의 마음은 갈대

황금연휴라고 조금 방심을 했다.
다카시보다는 에코랑 겐토와 시간을 보냈다. 솔직히 매일
얼굴을 맞대고 있는 젖먹이 갓난애보다는 애기가 제법 통하는
에코랑 겐토를 상대하는 쪽이 훨씬 재밌다. 아내는 그동안의
빈자리를 만회하려는지 기저귀 갈기, 모유 수유 등 다카시를
돌보느라 여념이 없다.
그런데 황금연휴가 끝나고 믿기지 않는 일이 벌어졌다.
출근하는 아내가 다카시를 내게 안겨주려 하자 다카시가
"으앙…" 하고 울음을 터트린다.
겨우 일주일 남짓한 시간이었는데 다카시는 그새 아빠를
거부한다. 아무리 이 행동이 아기가 보이는 자연스러운
반응이라고 해도 매일 딱 붙어서 밤낮으로 돌봐온 아빠
입장에선 용납이 안 됐다. 질투심에 불이 붙었다. 아내는
고소하다는 표정이다.
다카시가 운 건 겨우 하루뿐이었지만 황금연휴에 아빠가
돌봐줬다고 해서 엄마를 거부하는 아기는 없지 않을까. 역시
육아는 엄마에게 더 적합한 것일까?
거꾸로 에코랑 겐토에게서는 정반대 일이 벌어졌다.

지금까지는 다카시는 아빠, 에코랑 겐토는 엄마라는 역할
분담을 두 아이도 은연 중에 받아들이고 있었다. 하지만
황금연휴가 끝나자 에코랑 겐토가 한층 더 아빠를 따른다.
"아빠, 안아줘."
밤중에 갠 겐토가 침대로 기어들어와 아빠를 꼭 껴안고 다시
잠들기도 했다. 어린이집에 데려다 줄 때에도 "아빠, 안아줘."
하며 겐토랑 에코가 두 팔에 매달린다.
"아빠 잘 따르는 애들은 별로 없지 않아요?"
선생님에게 슬쩍 묻는다.
결국 아빠가 아이를 돌보며 아이와의 거리를 좁히면
육체적으로는 점점 힘들어진다. 하지만 아이에게 없어서는
안 될 존재가 되는 일은 정말 기쁘기 그지없다. 에코, 겐토와
이렇게까지 친해진 걸 생각하면 다카시가 단 하루, 나를 배신한
것쯤은 호탕하게 웃어넘길 수 있다.

D+195
어린이집 부모간담회

어느샌가 어린이집 고참에 속해 있었다. 작년 4세였던 토끼반 친구들은 졸업하고 선생님도 4월에 약 삼분의 일이 바뀌었다. 그리고 나도 더 이상 어린이집에 갈 때 주눅이 들지 않았다. 한번은 아침에 어린이집에 들어서자마자 선생님이 불렀다.
"아, 다행이다. 에코 아버님, 좀 도와주세요."
노트북에 데이터 저장하는 작업이 잘 안 되는 모양이었다. 아이들을 들여보내고 교사방으로 갔다. 밖이 시끌시끌하기에 쳐다봤더니 에코와 겐토가 우쭐해하며 보고 있다. 아빠가 교사방 컴퓨터 앞에 앉아 있는 모습이 신기한가 보다.
다행히 데이터 저장은 몇 분 안 걸렸다. 다른 부모도 있었지만 기계는 남자가 잘 다룬다는 고정관념 때문에 날 부른 모양이다. 원장선생님과 선생님들이 정중하게 고맙다는 인사를 한다. 별로 어려운 일을 한 것도 아닌데 인사를 받아 쑥스러웠지만 그래도 도움을 줄 수 있어 기뻤다.
5월이 되자 부모간담회 일정 조정이 시작됐다. 일정 조정을 하면서 "아버님, 이날 오실 수 있으시죠?" 하고 내게 꼭 확인을 한다. 지난번 부모간담회 때는 아내가 갔는데, 어린이집에서는 아빠의 얘기도 듣고 싶다는 바람이 있었다고 한다.

드디어 부모간담회가 열렸다.
"제발 창피하게 쓸데없는 얘기 하지 마!"
나가기 전에 아내가 주의를 주었다.
"내가 뭐!"
순간 발끈했다. 아내 말로는 주위 사람들 생각하지 않고 자기
아이 얘기만 신나게 떠드는 사람 때문에 분위기가 썰렁해지는
일이 자주 있다고 한다.
"당신 요즘 육아에 너무 열중하는 걸로 봐서 그런 행동을
할 소지가 다분해. 옆에서 보면 바보 같아 보이니까 입도
뻥긋하지 마."
아내가 신신당부한다.
아내의 충고가 마음에 걸려 가급적 말을 하지 말아야겠다고
굳게 결심했다. 하지만….
"어린이집에서는 아이들이 햇볕에 타지 않도록 조치를
취하나요?"
이런 질문에 성실히 대답하고 있는 선생님을 보고 있자니 나도
모르게 말이 튀어나왔다.
"우리 애들은 얼굴 타도 괜찮습니다. 오히려 가능하면 햇볕을
오래 쫴서 피곤하게 해주시면 고맙겠습니다. 밤에 잠을 안 자서
괴롭거든요."

온실 속의 화초로 키우고 싶지 않다는 말이다.
"아이들이 말을 듣지 않을 때 어린이집에서는 어떻게
지도하십니까?"
이런 질문도 나왔다.
"큰 소리를 내면 아이는 겁을 낼 뿐입니다. 눈을 보며 단호하게
안 된다고 말합니다. 그러면 알아듣습니다. 잘못해도 때리거나
하지는 않습니다."
선생님의 답변이다.
"어라, 우리 집에선 말 안 들으면 가차 없어요. 착착 때리죠."
또 끼어들었다.
정말 다양한 부모가 있다. 아마 난 '폭력 아빠, 육아 부적격'
판정을 받았을지도 모르겠다. 하지만 아이들이 우리가 어렸을
때보다 훨씬 과잉보호 받으며 자란다는 생각이 드는 것은 단지
기분 탓일까.

D+200
6개월 정기검진

다카시를 데리고 생후 6개월 정기검진을 받으러 병원에 갔다.
다카시는 이제 7개월이다. 6~7개월 아기는 지자체에서 무료로
정기검진을 받을 수 있다.
대기실에서 기다리고 있으려니 이름을 불렀다. 다카시를 데리고
진료실로 들어갔다.
"엄마는요? 곧 오실 건가요?" 간호사가 묻는다.
"아니요. 제가 데리고 왔습니다."
"아, 그래요. 엄마는 안 오세요?"
"네."
"그렇군요. 그럼 아빠가 얘기를 잘 해주셔야 하는데. 평소에는
누가 애를 보나요?"
"제가 보고 있습니다."
계속 이런 질문을 하는 것은 사생활 침해라고 생각했는지
아니면 내가 상처 입을 거라고 생각했는지 더 이상 추궁하지는
않았다. 한차례 건강 상태에 대한 질문이 날아들었다. 개월 수에
비해 체중도 키도 우량하다고 했다.
"잘 키우셨네요."
칭찬까지 들었다.

"이유식은 시작했나요?"
이유식 얘기로 옮겨갔다.
"아, 그게. 몇 번 시도했는데 입 밖으로 비죽비죽 뱉어 내더라고요. 그래서 따로 만들지는 않고, 제가 먹을 때 식빵 부드러운 쪽이나 쌀밥을 조금씩 줘요. 그러면 안 되나요?"
간호사의 눈이 휘둥그레졌다.
"엄마는 이유식 안 만들어 줘요?"
아니 이보쇼, 왜 엄마 얘기가 나와요.
"안 만듭니다. 그게, 그러니까 제가 애를 보고 있으니까 제가 만들어야 하는데…. 아직 시작하지 않았어요."
"그러면 안 되는데…."
간호사의 말인즉 소화기에 부담을 준다는 얘기였다.
"그래도 방금 '잘 자라고 있다'고 말씀하셨잖아요?"
"아기들도 제각기 다르니까요. 하지만 제 입장에서 그렇게 해도 된다고는 말 못 하겠네요."
다음은 영양사와의 면담. 여기서도 이유식이 문제가 됐다.
"흰쌀밥을 그대로 주면 왜 안 되는 겁니까?"
단도직입적으로 물었다.
'무리하지 않는 육아'가 좌우명인 만큼 비과학적인 근거를 대면서 이유식을 하라고 강요한다면 무리하게 애쓰지 않을

작정이었다.

"설사를 하지 않는다면 어쨌든 소화는 된다는 얘기입니다만, 잇몸으로 갈아 으깰 수 없을 정도로 단단한 것을 주면 씹지 않고 통째로 삼켜버리게 됩니다. 그러다 보면 이를 사용하지 않게 되어 턱 발달도 늦어지거든요. 치열에도 영향을 줄 수 있어요."

영양사의 설명이 100% 이해가 되지는 않았지만 따지고 들기도 멋쩍어 싸움은 그만두기로 했다.

그런데 영양사가 좀 의외의 질문을 했다.

"음식을 입에 댔다가 아기 입에 넣어 주는 것은 아니시죠?"

그렇게 하면 충치균이 어른 입에서 아기에게로 옮겨간다고 한다. 하지만 이 방법은 음식이 너무 뜨겁지 않은지 확인하기 위한 가장 합리적인 수단이다. 이것만큼은 순순히 물러설 수 없다.

"왜요, 원숭이도 자기 새끼한테 그렇게 하잖아요. 매우 자연스러운 일이라고 생각하는데요."

"아버님은 원숭이를 키우고 있는 게 아니잖아요."

헉, 내 육아 수준이 원숭이 수준이라는 말인가?

마지막으로 소아과 의사에게 다카시를 데리고 갔다.

의사는 다카시를 발가벗기더니 침대에 눕혔다.

"뒤집기는 하나요?" 의사가 말을 꺼내자마자 다카시가

원숭이라니요!!

알아듣기라도 한 듯 빙글 뒤집는다.
"물건을 꽉 쥐는…." 말이 나오자마자 의사가 갖고 있던 장난감을 손에 쥔다.
"다 잘하고 있네요."
의사가 웃으면서 말한다. 아빠의 육아가 전반적으로 순조롭게 잘 이루어지고 있음을 확인한 시간이었다.
이제는 마음 단단히 먹고 이유식을 만들어야겠다고 결의를 다졌다. '무리하지 않는 육아'는 무리를 하지 않는다는 것이지 필요한 일을 하지 않는다는 뜻은 아니니까. '역시 아빠가 키우니 티가 나네.' 이런 말은 듣고 싶지 않다. 특히 다카시를 원숭이 취급하는 얘기는 더 이상 듣지 말아야지.

D+210
장난감 전쟁

건강검진을 받은 다음 날부터 매일 이유식을 만들었다. 남은 밥에 남은 야채와 멸치 같은 단백질 식품을 작은 냄비에 함께 끓이는 게 레시피의 전부이다. 5분이나 10분 정도면 뚝딱 완성. 일주일 정도 지나자 다카시가 갑자기 잘 먹기 시작했다. 밥그릇 가득한 양을 싹싹 먹어치운 날도 있다. 한 번에 먹는 양뿐 아니라 먹는 횟수도 하루 한 끼에서 서서히 두 끼로 늘리는 시기인데, 저녁 식사 때가 되면 벌써 세 끼째를 달라고 덤벼든다. "우웅, 우웅!" 소리를 내며 금붕어처럼 입을 빼끔빼끔한다. 어떤 날에는 이유식에 달려드는 다카시가 무섭게 느껴지기도 한다. 이렇게 이유식을 잘 먹으니 우유는 안 먹나 했는데 그렇지도 않다. 이유식을 잔뜩 먹은 후에도 우유는 별도였다.
어느 날 이유식을 먹은 후에 우유를 주지 않고 다카시를 무릎에 앉히고 놀고 있었는데 갑자기 '덥석' 내 왼쪽 젖꼭지를 물고늘어졌다(더워서 웃통을 벗고 있었다).
"야, 야, 다카시, 아빠 젖이라도 빨려고?"
불쌍해라. 이렇게까지 먹고 싶어 하는지는 몰랐다. 젖을 줄 수 없다는 사실을 접하며 처음으로 아빠가 애를 키우는 일에 미안함을 느꼈다.

먹는 게 달라지니 나오는 것도 달라졌다. 우유만 먹다가 이유식을 먹기 시작하면서 흐물흐물한 액체 상태였던 변도 점점 단단해지기 시작했다. 이제 몸이 아프지 않는 한 옛날처럼 액체 상태의 변으로 돌아가지는 않을 것 같다.

음식물로 섭취한 에너지는 운동으로 발산했다. 처음에는 쓱쓱 배를 밀며 천천히 기더니 식사량이 늘어나면서 속도가 빨라졌다. 옷에 자루걸레를 붙여놓으면 마룻바닥 청소하기에 안성맞춤일 정도로 종횡무진 돌아다니기 시작했다.

기기 시작하면서 에코와 겐토 장난감에도 손을 대기 시작했다. 겐토가 아끼는 보물 '호빵맨과 친구들'의 작은 모형을 입에 집어넣고 빨아댄다. 소중한 친구들(이라고 겐토는 부른다)을 다카시가 빼앗아 눈앞에서 빠는 것을 본 겐토가 대성통곡을 한다.

"아빠, 다카시가 겐토 친구들 뺏어 갔어!"

울고불고 난리다. 자기들끼리 생긴 문제는 알아서 풀면 좋겠지만 다카시는 아직 7개월 반. 내버려두면 겐토가 화난 나머지 무슨 짓을 할지 모른다.

"이건 겐토 형이 정말 좋아하는 거니까, 안 돼."

어쩔 수 없이 다카시를 말린다.

하루는 겐토가 어린이집에 간 사이 다카시가 호빵맨 시리즈가 들어 있는 장난감 바구니를 왈칵 쏟아 놓았다. 겐토가 보는

형이 어린이집에 가면 호빵맨은 막내 차지입니다.

앞에서 빼앗아 버린 게 미안하기도 해서 이번에는 "자, 다카시, 실컷 갖고 놀아." 하고 두었다. 다카시는 특히 카레빵맨과 세균맨이 마음에 드는 듯 입안 가득 밀어 넣는다.
이렇게 해서 표면적으로는 두 아이 모두 만족했지만, 곰곰이 생각해보니 다카시에게 낮과 밤에 일관성 없이 전혀 다른 얘기를 하고 있었다. 다카시가 혼란스러워 하지 않을까 걱정이 됐다.
겐토한테 들킬 일은 없으니 겉으로는 조용하고 평화로워 보이지만 만약 겐토가 진실을 알게 되면 어떻게 생각할지도 조마조마했다. 마치 아내에게 당신밖에 없다며 앞에서는 엄청 위해주는 척하면서 뒤로는 불륜을 저지르는 중년 남성과 똑같은 짓을 하는 게 아닌가 싶었다.
다카시한테 겐토 거랑 똑같은 장난감을 사 주든지 장난감을 안 보이는 곳으로 치워 다카시 손에 안 닿게 하는 것이 일관된 태도겠지. 하지만 우리 집은 똑같은 장난감을 두 개나 사줄 경제적 여유도, 장난감을 안 보이게 치워둘 물리적 공간도 없다. 미안, 다카시. 겐토가 호빵맨을 졸업할 날을 기다려라.

D+215

육아아빠의 고민 ⑧
육아의 훈장, 손목 건초염

몇 번 심한 통증이 있었던 왼쪽 손목이 본격적으로 아프기 시작했다.
"아야야야야야…"
텔레비전 리모컨을 잡는 것조차 괴롭다. 집에 있던 파스를 있는 대로 붙여보지만 전혀 나을 기미가 안 보인다. 다카시는 쑥쑥 커서 벌써 8킬로그램이 넘는다. 목욕, 옷 갈아입히기, 기저귀 갈기, 안아주기 등 애를 돌보다 보니 모르는 사이에 점점 왼쪽 손목에 무리가 갔다.
결국 정형외과를 찾았다. '피로 골절'이라는 단어가 머릿속을 스쳤다. 손목이 아파서 유모차를 밀지 못하고 다카시를 아기띠로 안고 갔다. 엑스레이 검사 결과 다행히 뼈에 이상은 없었다. 건초염이 심하다는 진단이다. 우선 일주일 정도 파스를 붙이고 그래도 낫지 않으면 주사를 맞기로 했다.
"가장 좋은 방법은 손을 안 쓰는 거예요."
의사가 말한다. 그게 가능했으면 이렇게 고생할 리가 없지.
다음 날 아침, 아이들을 어린이집에 데려다 주고 나오는데 원장선생님이 불렀다.

"건초염이면 큰일이네요. 오늘이랑 내일 다카시 맡아줄게요.
오전만이라도."
오호, 이렇게 고마울 수가. 손목을 안 써도 된다.
이런 따뜻한 호의 덕분에 일주일 정도 지나자 심한 통증은
누그러졌다. 그렇지만 그 후에도 왼손에 힘을 주면 손목에서
통증이 느껴졌다. 할 수 없이 한동안 손목 보호대를 차기로
했다. 어린이집 양호 선생님이 말을 걸었다.
"해내셨네요, 아버님. 손목 통증은 육아를 하는 사람이
받는 훈장 같은 거예요. 선생님들도 모두 걸렸어요. 일종의
직업병이죠."
자세히 살펴보니 양호 선생님도 손목에도 파스가 붙어 있었다.
"오늘 파스를 붙이고 왔더니 아이들이 '에코, 겐토 아빠랑
똑같네.' 하고 말하더라고요."
선생님이 얘기해 줬다.
손목에 대해 따로 다른 아이들과 얘기한 적이 없는데 아이들의
관찰력, 기억력은 정말 놀랍다.
몇 주가 지난 어느 평일 낮에 친구 소개로 사람을 만날 일이
생겼다. 당연히 다카시도 같이 가야 해서 아이와 동행한다고
미리 양해를 구하고 시내에 있는 패밀리 레스토랑으로 장소를
정했다.

문제는 거기까지 어떻게 가느냐였다. 다카시와 움직일 때에는
가급적 대중교통은 피하는데, 이번에는 시내 중심까지 가야
하니 약속 시간에 맞추려면 어쩔 수 없었다.
출발역에는 엘리베이터가 있어서 개찰구까지는 유모차로
이동하면 된다. 하지만 개찰구에서 플랫폼까지는 계단밖에 없다.
왜 개찰구까지는 엘리베이터가 있는데 여기서부터는 없는 거지.
승차권 구입이 끝나면 볼일 다 봤다는 거야 뭐야.
투덜대며 유모차를 들고 플랫폼으로 내려갔다. 보호대를 찬
왼쪽 손목이 찌릿찌릿 저렸다. 건초염은 아직 완전히 낫지 않은
상태였다.
만날 장소는 지하철 신오차노미즈역 근처에 있는 패밀리
레스토랑으로 골랐다. 신오차노미즈역으로 연결되는
오가와마치역에는 장애인용 엘리베이터가 있다는 정보를 미리
확인하고 약속 장소를 정했다.
역시 엘리베이터가 있었는데 순간 내 눈을 의심했다.
'장애인용입니다. 다른 분들은 이용을 삼가십시오.'
이럴 수가. 설마, 유모차도 안 된다는 건 아니겠지 싶어 인터폰을
눌렀다.
"저기, 유모차라서 그러는데 엘리베이터를 좀 이용할 수
있을까요?"

"휠체어만 이용할 수 있습니다."
역무원이 사무적인 목소리로 대답한다.
"유모차도 휠체어의 한 종류잖아요. 타고 있는 사람이 아기라는 게 다를 뿐이라고요."
"죄송하지만 유모차는 계단을 이용해 주시기 바랍니다."
"손목 통증이 있어서 그래요."
"그럼…, 잠시만 기다려 주십시오."
몇 분이 흘러도 아무도 나타나지 않았다. 시간이 없으니 단념하고 움직일 수밖에 없다. 어쩔 수 없이 유모차를 짊어지고 계단을 올라갔다.
왼쪽 손목을 송곳으로 찌르는 듯한 통증이 엄습했다. 역에 장애인용 편의시설을 설치하면 고령자뿐만 아니라 아기를 데리고 다니는 사람들에게도 도움이 되겠다는 생각에 찬성했는데 '장애인 이외 사용 금지'라는 내규라도 있는 걸까. 기껏 엘리베이터를 설치했는데 아이를 동반한 경우나 몸이 안 좋은 경우에 이용하면 왜 안 되냐고!

드디어 육아 전문가로 인정을 받았습니다!

D+220
사랑이란 이런 걸까?

에코와 겐토의 정기검진을 위해 보건소에 갔다. 국가에서
제공하는 보건 서비스는 늘 평일에 한다. 일하는 부모에 대한
배려는 눈곱만큼도 없다.
발가벗은 채 뛰어다니는 것이나 치과 검진이 싫어 우는 것이나
애들은 다 똑같다. 에코와 겐토가 하는 행동과 성장속도가 다른
집 세 살배기들과 비슷해 보여 일단 안심이다.
검진을 기다리는데 광고지를 한 장 받았다.
'혼자만의 시간이 필요하지 않으세요? 시간제 보육 〈스킵〉 시작'
지자체의 지원을 받는 민간사업자가 1시간에 만 원이 조금 넘는
금액으로 '이유 불문하고' 아이를 맡아준다는, 지자체의 새로운
보육 지원 제도였다. 맞아, 맞아! 이런 게 필요하다니까.
젖먹이랑 하루 종일 딱 붙어 지낼 때의 피로감은 직장인이든
아니든 아빠든 엄마든 누구나 공감할 것이다. 적당한 요금에
잠시 맡길 데가 있다면 좋겠다는 생각을 애 키우는 부모라면
누구나 한번씩 해보지 않았을까.
1시간에 만 원이 저렴한 편은 아니다. 그 비용을 도심에 있는
주차장 요금 수준으로 낮추면 좋겠지만, 지자체 지원이 없으면
금액이 두 배로 훌쩍 오른다고 하니 이 정도도 감지덕지다.

서비스 제공 주체가 지자체가 아니라 민간사업자라는 점도
마음에 들었다. 저출산 대책을 이유로 재원도 마련하지 못한
상태에서 '큰 정부'를 지향하는 것도 문제가 있기 때문이다.
한발 더 나아가 지원 대상이 되는 사업자를 지자체가 지정하는
것이 아니라 소비자가 사업자를 선택할 수 있도록 해서 서비스
이용률에 맞춰 지원금을 지급하는 방식으로 제도가 보완되면
좋겠다. 그러면 소비자가 자신에게 맞는 사업자를 고를 것이고
사업자 사이에도 경쟁이 붙어 더 효율적인 서비스를 제공하지
않을까?

당장 〈스킵〉에 다카시를 맡기고 전부터 보고 싶었던 영화를
보러 갔다. 그런데 영화가 생각보다 재미없어서인지 다카시
생각이 머리를 비집고 들어왔다. 다카시가 걱정되어 영화에
집중할 수가 없었다. 그런 내 자신을 돌아보며 이제 육아형
인간으로 완전히 탈바꿈했다는 걸 느꼈다.

나보다 아이를 먼저 생각하는 태도는 다른 때도 나타난다.
예를 들어 식사 시간. 아이랑 식사를 하거나 과일을 먹고 있으면
무조건 가장 맛있는 부분을 아이 입에 넣어준다. 고기나 생선
구이도 부드럽고 적당히 기름이 붙은 부분은 아이 몫이다.
쌍둥이 때도 이랬나? 기억나지 않지만 나보다 아이를 먼저
생각하는 마음은 육아휴직을 하고 아이들과 직접 얼굴 맞대고

이젠 영화를 봐도 애가 걱정돼서 집중할 수가 없습니다.

지내면서 비약적으로 커진 것 같다.

그리고 이렇게 나를 희생하며 아이들에게 열성을 다하는 내 모습이 신기하다. 사랑이란 이런 게 아닐까.

D+230
아이가 셋이면 기쁨도 세 배

토요일 밤, 다카시가 갑자기 열이 났다. 40도였다. 기분은 괜찮아 보였다.
"돌발성 발진인가?"
아이가 갑자기 열이 나는데 상태는 괜찮아 보인다면 돌발성 발진일 확률이 높다. 에코랑 겐토가 돌발성 발진을 겪은 적이 있어서, 열은 높았지만 그렇게 걱정되지는 않았다. 휴일이 지나고 월요일에 가까운 병원에 데리고 갔다.
"돌발성 발진이면 고생하셨겠네요. 잠도 제대로 못자고."
옆에 앉은 환자가 말을 걸어왔다.
"예, 열에 들떠서 애가 잠을 잘 못자더라고요."
"아니, 아니, 애 아빠가요."
아, 그렇군. 내 얘기로군.
"아, 저요? 저는 잘 잤어요. 뭐, 돌발성 발진은 여러 번 겪어봐서요."
쌍둥이가 처음 돌발성 발진에 걸렸을 때에는 한밤중에 어머니까지 호출했는데, 애가 셋이나 되니 이젠 웬만한 일로는 놀라지도 않는다.
아이가 많아지면 아이 한 명당 드는 수고는 줄고 즐거움은 늘어난다. 즐거움이 는다는 것은 예를 들면 이런 것이다.
아이들끼리 노는 모습을 지켜보는 일은 정말 재밌다.
세 살이 된 쌍둥이가 소꿉놀이를 하는지, 어른 흉내를 내며
놀기 시작했다. 그런 놀이에서도 시대 변화를 절감할 수 있다.
"자, 우유. 삑. 요구르트. 삑."
이러면서 텔레비전 리모컨을 '상품'에 갖다 댄다. '삑' 소리는
바코드 읽을 때 나는 소리였다.
"자, 사진 찍어요. 치-즈."
셔터를 누르자마자 장난감 카메라를 갖고 달려온다.
"아빠, 아빠, 잘 찍었지."
디지털카메라처럼 그 자리에서 사진을 확인하는 흉내를 낸다.
거꾸로 아이들이 이해하지 못하는 것도 있다. 디즈니랜드에
미키마우스가 카세트라디오를 들고 춤을 추는 장면이 그랬다.
"미키마우스가 들고 있는 게 뭐야?"
"카세트라디오잖아."
"카세트라디오?"
그러고 보니 언제부턴가 집에서 카세트라디오가 사라지기
시작했다. 그러니 아이들이 알 턱이 없지..
다카시가 기어다니기 시작하면서는 에코와 겐토가 놀 때
다카시도 끼게 되었다.

셋째쯤 되니 이 정도 일로 노심초사하지 않게 됩니다.

"자, 다카시, 어서오세요. 다카시는 뭐 마실 거예요?" 에코와 겐토가 다카시의 방문을 환영한다.

"뿌뿌"

"자, 우유입니다."

다카시는 우유를 좋아한다고 정해져 있다. 아직 말도 제대로 못하고 알아듣지도 못하는데 벌써 소꿉놀이에서 손님 역할을 맡고 있다. 이런 삼남매의 모습을 보고 있으면 절로 흐뭇해진다. 이렇게 아이가 늘어나면 아이들끼리 지내는 시간도 늘어난다. 점이 많아지면 점과 점을 연결하는 선의 숫자가 점의 숫자보다 많아지는 법이다. 아이가 두 명에서 세 명이 되자 아이들끼리의 소통은 세 배로 늘어난다. 부모의 기쁨도 세 배가 된다.

저출산 대책만 제대로 갖춰진다면 우리 집은 애가 넷, 다섯이 될지도 모르겠다.

D+255
아빠는 패션 테러리스트

밤이 되어 다카시를 거실에 있는 아기침대에 눕히자 큰 소리로 울기 시작했다. 돌발성 발진에 걸렸던 날 아이를 침실에서 재웠는데, 아무래도 그때 에코와 겐토가 엄마 아빠와 함께 침실에서 잔다는 사실을 알아챈 것 같다.
'왜 나만 혼자서 아기침대에 자라는 거야. 같이 데려가 줘.'
이렇게 외치며 우는 건지도 모르겠다.
생각해 보니 8개월 반동안 혼자서도 잘 자줬다. 그동안 잘했어, 다카시. 앞으로는 당분간 엄마, 아빠, 형, 누나랑 침실에서 같이 자 보자.
당연한 일이지만 다카시는 아빠랑 같은 침대에서 자기로 했다. 쌍둥이는 전부터 엄마와 같은 침대를 썼으니 그 기득권을 내놓을 리가 없다. 다카시는 다카시대로 하루 종일 함께하는 사람이 아빠이니 같이 자는 데 아무런 거부감이 없을 터였다. 다카시는 가끔 밤에 깨어 울기도 하지만 안아서 등을 토닥토닥 해주면 다시 잠이 든다. 아내는 쌍둥이 때와 달리 젖을 주지 않고도 애를 재우는 게 신기한가 보다. 아빠라고 해서 못 할 일은 없다.
그렇다고 해서 다카시를 키우는 일의 모든 권한을 내가 가진

것은 아니다. 아내에게 남겨진 성역이 있다. 바로 다카시의
옷이다. 아내와 내가 명확하게 합의한 역할 분담이라기보다는
내가 다카시의 패션에 무관심한 사이 아내가 사실상 결정권을
행사하게 되었다.
나는 다카시의 옷은 아무래도 좋다고 생각했다. 갈아입을
깨끗한 옷만 여러 벌 있으면 충분했다. 그런 일에 필요 이상
신경을 쓴다는 것 자체가 '무리하지 않는 육아'에 어긋난다.
그렇게 방심하고 있던 사이에 아내는 열심히 다카시 옷을
모으고 있었다.
"오늘은 이 옷 입히고, 갈아입을 옷은 여기."
바쁜 와중에도 아침에 출근하며 꼭 아기침대 옆에 옷을 내놓고
간다.
문득 다카시가 앞으로 1년 반 정도 입을 의상이 아내의
머릿속에 입력되어 있을지도 모른다는 생각이 들었다. 쇼핑하러
가서 "이 옷 어때?" 제안해도 "그거 입을 때쯤엔 겐토 옷 물려
입으면 돼." "그건 ○○씨가 선물해 준 옷이랑 거의 비슷해." 하며
그 자리에서 기각한다.
가끔은 나도 다카시 옷을 사주고 싶을 때가 있다. 하지만
그것은 아이들의 옷을 모조리 파악하고 있는 아내가 보기엔
무계획적이고 쓸데없는 지출처럼 보이나 보다.

아내는 한편으론 형식적으로나마 아빠의 의견도 들었다는
모양새를 갖추고 싶은지 꼭 내 의견을 묻는다. 어차피
다카시의 패션 코디가 정해져 있으니 어설픈 의견을 말해봤자
거절당하지만. 결국엔 아내 의견을 따르는 수밖에 없다.
여기서 주의해야 할 점.
"당신 하고 싶은 대로 해."
절대 이런 식으로 대답하지 말 것. 그러면 아내는 기분 나빠
한다.
"흠, 그렇군."
일단 열심히 아내 의견을 경청하는 척한다. 그리고 잠시
침묵하고 나서(이때, 마음 속으로 하나부터 다섯까지 세면 좋다) 고민 끝에
신중히 결정을 내린 듯 천천히 숨을 내쉬며 "그러는 게 좋겠네."
하고 동의해야 한다.
이른바 거수기 역할이지만, 거수기라는 걸 들켜서는 안 된다.

아내와 대화할 땐 기술이 필요합니다.

4 아이와 함께 자라는 부모

D+260
육아휴직 연장해야 할까?

어린이집에 갔더니 게시판에 새로운 소식이 걸려 있었다. 지금까지는 아기가 태어나 부모가 육아휴직을 하게 되면 그 위의 형제는 동생이 만 1세가 될 때까지만 어린이집에 맡길 수 있었는데 이 규정을 완화해 만 18개월까지 맡길 수 있도록 한다는 내용이었다. 4월이 아니면 국공립 어린이집에 들어갈 수 없는 사정을 고려한 조치였다.

우리 집에는 매우 중요한 변화다. 불과 몇 년 전까지만 해도 육아휴직을 한 경우에는 그 위의 아이를 국공립 어린이집에 보낼 수 없었다. 그렇게 되면 둘째, 셋째 아이가 생겼을 때 육아휴직을 꺼린다는 의견이 많아 만 1세가 될 때까지는 그 위의 아이를 어린이집에 보낼 수 있다는 현재의 규정으로 바뀌었다.

그런데 새로운 규정은 여기서 한발 더 나갔다.
"이번 기회에 내년 4월까지 휴직하는 건 어때?"
아내가 슬그머니 말을 꺼낸다. 아내는 내 육아휴직의 최대 수혜자이다. 이렇게 말하는 것도 무리는 아니다. 반면에 나는 기분이 복잡해졌다. 육아휴직을 후회한 적은 없다. 그렇다고 연장까지 한다는 것은 또 얘기가 다르다. 우선 직장에 10월 말까지라고 육아휴직 계획서를 제출했다.
"지자체 규정이 바뀌어서 육아휴직을 연장하려고 합니다."
이런 말을 꺼내기는 아무래도 좀 껄끄럽다. 그렇지 않아도
직장에선 내 육아휴직에 대해 안 좋게 보는 눈들이 많은데 그걸
키우는 것도 부담이다.
딱 한 달 전에 친한 동기가 퇴직을 결심했다는 말을 듣고
오랜만에 만난 적이 있다.
"넌 절대 이대로 퇴직하지 마."
자기는 퇴직하면서 나보고는 하지 말라니 뭔가 앞뒤가 안 맞다.
그 녀석이 하고 싶은 말은 이랬다.
"이번 육아휴직, 주위에선 너한텐 좋은 말만 했을 것 같은데
사실 안 좋게 생각하는 사람이 많아. '지금 장난하냐', '남자가
육아휴직을 하다니 반칙이야, 반칙' 이런 사람도 있어. 그런데
그런 사람들로부터 널 필사적으로 지켜주려는 사람들이
있어. '전업주부가 되겠습니다' '이직 하겠습니다' 이런 식으로
그만두면 여태껏 널 옹호했던 사람들을 배신하는 거야."
이런 말을 들으니 육아휴직이 끝나고 직장에 복귀했을 때
마주치게 될 장벽에 점점 마음이 무거워졌다.
"육아휴직 연장합니다!"
함부로 내뱉었다간 점점 더 직장에 돌아가기 힘들어지겠지.

사실 육아휴직이 끝나는 게 아쉽기는 하지만, 연장할 생각을 하면 육아의 고충이 다시금 떠오른다. 죽을 힘을 다해 마라톤 42.195킬로미터를 완주했는데, 골인하자마자 한 번 더 뛰지 않겠냐는 얘기를 들을 때의 황당함이 이렇지 않을까?

D+270
비 오는 날 우비는 필수품

7월 어느 날, 갑자기 쌍둥이가 "유모차 안 탈 거야. 걸어갈래."
라고 입을 맞춰 선언했다. 지금까지 어린이집에 데려다 주고
데려올 때 항상 쌍둥이용 유모차를 이용했다. 대개 세 살쯤
되면 몇백 미터 거리는 걸어 다닐 수 있지만 우리 집은
쌍둥이다. 혼자서 두 아이의 손을 잡으면 꼼짝없이 양손을
쓸 수 없다. 혹시라도 손을 뿌리치고 차도로 뛰어나가기라도
한다면, 상상만 해도 끔찍하다. 이래저래 유모차에 태우고 가는
게 속 편하다.

그런데 에코랑 젠토는 만 세 살이 되는 시점부터 유모차에
거부감을 느끼기 시작한 것 같다. 결국 두 아이 모두 고집을
부려 어쩔 수 없이 걸어 다니기로 했다. 그런데 걸어서 가면
시간이 훨씬 더 많이 걸린다.

"차 오면 위험하니까, 손 꼭 잡고 가자."
이렇게 말하면 위험한 곳에서는 바로 손을 꼭 잡는다. 하지만
이제 어린이집 가는 길을 아이들도 빤히 아는 터라 차가
지나지 않는 길에선 손을 뿌리치고 달려 나간다. 집에 오는
길에 길고양이가 모여 있는 공원을 지날 때면 고양이를 쫓아
사방으로 뛰어다닌다.

이럴 땐 린타로 엄마의 가방이 구세주다. 린타로 엄마는
아이들을 유혹하는 물건을 가방 가득 넣고 다닌다.
"에코랑 겐토도 자, 이거."
집에 가는 시간이 비슷한 린타로 엄마가 린타로뿐만 아니라
에코랑 겐토도 집으로 몰고 간다. 그 구원의 가방에는 자일리톨
사탕, 비눗방울 놀이 세트, 디즈니 스티커, 프린터로 뽑은 호빵맨
그림 등이 들어 있다. 마치 마술 주머니 같다. 에코와 겐토는
린타로 엄마가 주는 선물에 온통 정신이 팔린 채로 어느새
집으로 향한다.
무엇보다 압권은 비 오는 날이다. 유모차를 이용할 때도
비가 오는 날이면 눈앞이 캄캄했다. 유모차 자체 무게만
10킬로그램에 쌍둥이가 각각 13.5킬로그램, 총 37킬로그램이다.
빗속을 뚫고 37킬로그램이나 되는 무게를 양손으로 밀며
가야 한다.
처음에는 유모차에 레인커버를 붙이고 오른쪽 어깨와 목
사이에 비닐우산을 끼고 걸었다. 우산을 들 손이 없어서였다.
비닐우산은 가벼워서 어깨와 목 사이에 끼워도 그다지 불편하지
않았다. 그런데 강풍이 불던 날 순식간에 우산대가 툭 꺾여
흠뻑 젖고 말았다.
유모차를 사용하지 않고 걸어 다니게 되자 두 아이에게 우산과

장화가 필요했다. 그날은 어린이집으로 출발한 지 얼마 되지 않아 비가 내리기 시작했다. 아이들에게 우산을 쥐게 하고 장화를 신겼다. 나는 우비를 입고 셋이서 손을 잡고 출발했다. 집을 나서자마자 이 방식이 틀렸다는 걸 깨달았다. 아이들은 우산을 한 손으로 잡지 못했다.
"목에 우산을 대고 한 손으로 우산대를 잡아 보자. 그러면 아빠랑 손잡을 수 있으니까."
옷은 젖어오고 목소리는 점점 커졌다. 하지만 우산은 아이들 어깨에서 계속 미끄러졌다. 어쩔 수 없이 양손으로 우산을 잡게 하고 걸어갔다. 손을 잡고 있지 않으니 차가 지나갈 때마다 걱정됐다. 혹시라도 차가 오지는 않는지 온통 신경을 곤두세우고 길을 걸어갔다. 겨우 어린이집에 도착하고 보니 두 아이는 비 맞은 생쥐 꼴이다.
"애들은 혼자서 우산 잘 못 들어요."
아이들 모습을 본 선생님이 말했다. 둘러보니 다른 아이들은 우산, 장화에 비옷까지 입고 있다. 우산을 제대로 들지 못해 옆으로 자꾸 기울이니 비옷을 입지 않으면 옷은 쫄딱 젖고 만다. 그랬다. 어린 아이들에게 비옷은 우산으로 막지 못하는 비를 피하기 위한 필수품이다.
축축한 옷 때문에 기분이 나쁠 거라 생각했는데, 두 아이는 옷이 젖은 것보다 빗속을 스스로 걸어서 등원했다는 사실에 들떠 있었다. 뭔가 해냈다는 성취감에 도취되어 매우 만족스러운 모습이다.
그래, 이런 성취감은 쉽게 맛볼 수 있는 게 아니지. 젖은 옷이야 갈아입으면 그만이다. 하지만 비옷은 빨리 준비해야겠다.

아이들의 성취감은 그 어떤 것과도 바꿀 수 없습니다.

D+275
잠옷 분실 사건

최근 어린이집의 화제는 단연 기저귀 떼기이다.
여름은 기저귀를 떼는 데 최적의 계절이다. 이 기회를 놓치면
자칫하면 내년 여름을 기다려야 할지도 모른다.
엄마들은 서로 탐색전을 펼치며 다른 집 애들이 기저귀를
뗐는지 확인한다.
"기저귀 떼는 용도로 나온 방수팬티를 샀는데 장식용이 돼
버렸어요."
"방수팬티 입혀놨더니 그냥 거기다 싸던데요."
기저귀 떼기에 대한 고생담이 이어진다.
린타로 엄마 말로는 세 살쯤 되면 애들은 다 기저귀를 뗀다고
한다. 최근 조기교육 붐이 일어 좀 더 빨라진 감도 있는 것 같다.
하지만 그것도 개인차가 있지 않을까. 어머니 말씀으론 나도
만 세 살이 될 때까지 기저귀를 못 뗐다고 한다. 그래도 지금
사회생활을 하는 데 아무 문제가 없으니 조바심 내지 말아야지.
에코와 겐토의 어린이집 친구 엄마의 배가 점점 불러왔다. 4개월
후 출산 예정이라고 한다.
"첫째도 아직 어린데 둘째는 어찌 키우죠."
"걱정 마세요. 동생이 태어나면 첫째가 언니 노릇을 할 거예요.

제법 언니 몫을 할 거예요." 한 수 가르쳐 줬다.
다른 부모의 육아 상담까지 하게 되다니. 애 키우는 일에 대한 진지한 태도가 엄마들에게도 전해졌다고 혼자 뿌듯해했다.
그런데 어린이집에 가져다놓은 겐토의 잠옷이 보이지 않는다. 선생님은 분명 가방에 넣었다고 하는데 집에서 잠옷을 꺼낸 기억은 없다.
'겐토 잠옷을 찾습니다. 파란색.'
어린이집에 분실물을 찾는다는 종이를 붙였다.
"괜찮습니다. 물건 잃어버리는 일은 흔하니까요."
번거롭기도 하고 죄송하기도 해서 선생님에게 얘기했다.
"에코 아버님, 잠깐만요."
공지가 나붙은 지 한 달 정도 지난 어느 날 집에 돌아가려는데 선생님이 불렀다.
"여기요. 똑같은 게 없어서 제일 비슷한 걸로 샀어요."
잃어버린 잠옷과 거의 같은 모양의 새 옷이었다.
"아니, 이러시면 안 되죠. 그런 의도로 말씀드린 게 아닌데."
"괜찮아요."
받지 않겠다고 하면 오히려 호의를 무시하는 게 되겠지.
"그러면 고맙게 받겠습니다."
인사를 하며 정중히 잠옷을 받았다.

"선생님, 괜히 신경 쓰게 해서 정말 죄송합니다."
"아니에요. 그날 제가 잠옷을 정리했으니 제 책임이죠."
이런 책임감 강한 선생님이 어린이집을 지키고 있으니 안심이 된다.

D+280
육아아빠의 고민 ⑨
복불복 취침 시간

7월이 되자 찌는 듯한 더위가 이어진다. 산책 나가는 횟수도 이틀에 한 번 꼴로 줄어들었다. 장마에 뒤이은 작열하는 태양이 숨을 턱턱 막히게 한다.

결국 다카시와 함께 공원에 앉아 나뭇잎 사이로 비치는 햇살을 받으며 책을 읽는, 그런 낭만적인 날은 단 하루도 없었다. 공원에 나가 아이를 데리고 나온 엄마들과 담소를 나누는 꿈도 결코 이루어지지 않았다.

35도를 오르내리는 날씨라 아무도 없을 테고, 무엇보다 그랬다간 다카시도 나도 열사병에 걸릴 것이다.

다카시의 움직임이 점점 더 빨라지고 힘도 붙고 있다. 이제는 굉장한 속도로 기어 다닌다. 특히 뭔가 목적이 있을 때에는 더욱 빠르다. 잠시 방심한 채 커피포트를 바닥에 두었다간 몇 초 안에 돌진해 그 앞에 도착한다. 정말 한시도 마음을 놓을 수가 없다. 바닥에 떨어져 있는 것은 바로 입으로 들어간다. 시도 때도 없이 바닥을 쓸고 닦는 일은 '무리하지 않는 육아' 이념에 어긋나는 일이니, 입에 뭔가 집어넣는 걸 보면 뱉게 하자고 방침을 정했다. '사전 규제'가 아닌 '사후 확인'인 셈이다.

다카시의 입으로 들어가는 내용물을 보면 스티커, 종잇조각, 조그만 장난감 따위다. 요즘은 에코가 색종이 오리기를 엄청 좋아해서 종잇조각이 바닥에 잔뜩 어질러져 있다. 에코는 오리고 다카시는 바닥에서 종잇조각이 떨어지길 기다리는 꼴이다.

다카시는 꽤 고집이 세서 입에 있는 걸 좀처럼 뱉으려 하지 않는다. 입에 손가락을 넣으려고 하면 몸부림친다. 그래서 먹는 걸로 유인하는 방법을 썼다. 식탐이 많은 아이라 부드러운 과자를 보여주면 입을 벌린다. 그때 손가락을 쏙 집어넣는다. 한번은 웬일인지 계속 기침을 하기에 손가락을 넣어봤더니 목구멍 속에서 고무줄이 나왔다. 그런 게 들어갔으니 얼마나 괴로웠을까. 아무래도 사후 확인 방침은 적잖은 위험이 따른다.

기기 시작하니까 잡고 일어서는 일도 금방이다. 일어서 있으면 시야가 넓어져 좋은지 생글생글 웃는다.

다른 식구들이 식탁에 앉아 밥을 먹을 때면 발밑으로 기어 와 다리를 붙잡고 일어서기도 한다.

'나도 끼워줘. 나도 먹을 거야.'

이런 말이라도 하는 것 같다.

물론 우리도 식탁에 같이 둘러앉게 하고 싶다. 하지만 '이건 뜨거워', '우유 마시고 싶어', '가시 빼줘' 등 에코와 겐토를

챙기는 일만으로도 식탁 위는 정신이 없다. 손이 더 가는
다카시까지 함께 식사하는 일은 아직 무리다.
어쩔 수 없이 발밑에 온 다카시 입에 쌀밥이랑 식은 반찬을
집어넣어 준다. 다카시도 좋은가 보다. 어느 순간 보면 이번엔
엄마 발밑에서 밥을 받아먹고 있다. 적절한 예는 아니지만
강아지가 식사를 하는 가족들 발 밑에 조르르 달려와
먹을거리를 달라고 조르는 모습이 연상된다.
언제부터인가 손목 통증도 거의 사라졌다. 다카시가 앉아서
놀기도 하고 기어 다니기도 하면서 혼자 움직일 수 있게 되니
아이를 안고 있는 시간이 줄어들어서 그런 것 같다.
아이들 셋이 노는 시간도 점점 늘어났다. 에코랑 겐토도
다카시가 누나랑 형이 하는 놀이를 재밌어하고 잘 웃어주니
좋아한다.
"아빠 없다!" 하고 손으로 얼굴을 가렸다 떼는 놀이도 형이나
누나가 하면 엄마 아빠가 할 때보다 더 잘 웃는다. 가만히 두면
이삼십 분은 같이 잘 놀아서 돌보기가 훨씬 수월하다.
"다카시에게 침대에서 내려오는 방법을 알려줄래?"
쌍둥이에게 부탁했다.
전에 자기들이 했던 것처럼 뒤로 돌아 배를 침대에 대고 발부터
내려오는 방식을 기대하고 부탁했는데 겐토는 두 발로 침대에서

점프를, 에코는 발이 아닌 얼굴부터 바닥에 다이빙을 한다.
강사들이 영 도움이 안 된다.
다카시는 에코가 가르쳐준 대로 침대에서 얼굴부터 내려온다.
손을 쓰는데도 얼굴부터 바닥에 닿는다. 아니 떨어진다는
표현이 정확하겠다. 침대 주변에 이불을 펴놓기는 하지만 가끔은
얼굴에 상처가 나기도 하고 멍이 들기도 한다. 그래도 아무렇지
않은 표정이다. 형이랑 누나 사이에서 강하게 크고 있다.
다카시가 침실에서 같이 자기 시작하면서 아이들의 취침 시간이
점점 늦어졌다. 원래 쌍둥이끼리 잘 때에도 졸리지 않은 쪽이
항상 떠들어대며 졸린 쪽을 깨웠다. 결국 둘 다 졸려야 잠을
잔다.
다카시까지 합세하자 쌍둥이가 졸려도 다카시가 떠들 때가
있다. 이제 세 아이 모두 졸리지 않으면 잠들지 않는다. 말하자면
졸린 확률과 졸리지 않은 확률이 반반이라면 쌍둥이만 있을
때에는 잠을 잘 확률이 $1/2 \times 1/2 = 1/4$이다. 다카시가 끼어들자
$1/8$이 됐다. 슬롯머신처럼 '졸려요'가 세 개 연달아 나오지
않으면 잠자기는 글렀다.
에코랑 겐토가 어린이집에 유행하고 있는 춤을 추며 노래를
부르면 다카시도 제 깜냥만큼 손을 흔들며 같이 춘다. 다카시랑
쌍둥이는 함께 떠들면서 연대 의식을 키우는 중이다.

기어가는 속도가 상상을 초월할 정도로 빨라졌습니다.

"아버님, 주말 잘 보내셨어요? 에코와 겐토 뭐 달라진 건 없나요?"

월요일 아침, 어린이집에 갔더니 선생님이 인사차 묻는다. 지난 주말도 에코, 겐토, 다카시가 줄곧 옆에 달라붙어 있어서 단 1초도 평온한 시간을 보내지 못했다.

"네. 평소랑 똑같습니다. 도대체 언제면 이 녀석들 얌전해질까요. 주말 내내 애들한테 시달리느라 다른 일은 하나도 못 했어요."

"어머, 아버님. 어린애들이잖아요. 아직."

낮잠이라도 자 주면 좋겠지만 주말에는 대부분 차를 타고 외출하니 차 안에서 낮잠을 해결한다. 차에서 내릴 때는 100퍼센트 에너지 충전이 완료된다. 외출하지 않을 때도 슬롯머신 법칙이 작동해 좀처럼 낮잠을 자지 않는다. 정말 쉴 짬이 없다.

그나마 힘을 주는 건 쌍둥이들의 말이다.

"에코도 겐토도 엄마보다 아빠가 좋아요."

D+285
따끔한 충고

갑자기 직장 상사에게 전화가 걸려왔다. 직장에서 전화가 오면
일단 내 존재를 기억하고 있다는 것만으로도 기분이 좋다.
"복직은 예정대로 11월에 하는 거지?"
"예, 복직하면 예전 업무를 그대로 맡게 됩니까? 육아휴직
직후라 다른 부서에서 잘 받아 주지도 않겠지요?"
소심 모드로 조심스럽게 말을 꺼냈다.
"그런 소리 말고 자신감 가져. 육아휴직 한다고 용기 있게
결단을 내려놓고 왜 그래."
"그거야 그렇지만 쭉 집에 혼자 있으니까 별의별 생각이 다
드네요. 직장에선 안 좋게 보고 있는 게 아닐까 걱정도 되고."
말투는 더 소심해졌다.
육아휴직을 후회한 적은 한 번도 없다. 오히려 이번 결단에
자부심을 갖고 있다. 그러나 직장에서도 과연 그렇게 생각해
줄까? 생각이 거기까지 닿으면 자신감은 사라진다. 나 자신은
육아휴직을 하면서 많이 변했지만 직장의 분위기나 사고방식은
바뀌지 않을 테니까.
주말을 이용해 직장 동기와 오랜만에 모임을 가졌다.
여름방학이라 아내가 아이들을 데리고 친정에 간 모양이었다.

얘기를 들어보니 그 친구는 변함없이 평일에는 한밤중까지
야근을 하고 주말에도 비정기적으로 근무를 한다고 했다.
"그렇게 일만 하고 가정은 나 몰라라 해도 돼?"
"그러게. 그런데 집에 가면 피곤하고 애들도 엄마랑 더 친하니까
엄마가 애들 보는 게 모두에게 좋은 거지 뭐."
아니야, 이 사람아. 아빠가 애들을 보지 않으니까 엄마한테
달라붙는 거라고.
"아내도 남편이 없다는 전제를 세워놓고 서로 상처받지 않는
일정을 세우더라고."
이건 또 무슨 말이람.
주말에 아빠가 있을 줄 알고 일정을 짰는데 갑자기 휴일근무
한다고 나가버리면 아이들은 상처를 받는다. 언제 휴일근무가
떨어질지 모르니 일단 아빠는 뺀 채로 계획을 세우고, 시간이
돼서 아빠가 끼면 좋은 거고 아니면 마는 식이었다. 이러니
가족이 모두 한 달이나 친정에 가 있는 것도 이상할 게 없다.
"이런 말 하면 이상하게 들릴지 모르지만 부부 생활에 문제는
없어?"
무심코 말이 나와 버렸다.
"있지. 늘 '당신 피곤하니까'라고 내 핑계를 대면서 피하더라고.
벌써 3개월째야. 나야 아무리 밤늦게 들어와도 꼭 조르지만."

정말 말귀를 못 알아듣는군.

"그런 거 말고 부부간에 대화는 하냐고. 늦게 들어와도 아내와 얘기는 자주 나누냐는 말이야."

"흠, 아니."

그야말로 전형적인 일만 하는 직장인이다. 따끔한 충고가 필요한 놈이군.

"그럼 안 되지. 아내 친구들을 봐도 그렇게 일만 하는 남편은 거의 없을 거야. 요즘 세상은 안 그래. 집안일이나 육아도 직장일만큼이나 스트레스가 쌓인다고. 너야 이렇게 술 마시면서 스트레스 풀면 되지만 아내는 어떻겠어. 밤에 친구들 만나러 나가지도 못할 거 아냐."

동기에게 설교를 한바탕 늘어놓았다. 하지만 이런 설교도 육아휴직을 하고 있으니 설득력이 있지 않을까. 혼자 열심히 떠들다가 문득 얼마 전까지만 해도 나 또한 설교 듣는 쪽이 아니었을까 하는 생각이 들어 쓴웃음이 나왔다.

D+290
아내에게 해서는 안되는 말

휴가철을 맞아 집에 친구들이 자주 놀러 온다. 그때 아이들은
부모의 긴장도를 보고 그 사람과의 거리를 측정한다. 집에까지
놀러올 정도이니 친한 친구들이라 극도로 경직되는 일은 없다.
하지만 에코랑 겐토가 친해지는 정도에는 분명 차이가 있다.
대학 친구가 놀러 왔는데 컴퓨터를 고쳐주느라 밤늦게까지
있었다. 에코랑 겐토도 신경이 쓰였나 보다.
"아빠, 안녕히 주무세요."
컴퓨터 수리를 하고 있는 방으로 몇 번이나 인사를 하러 왔다.
다음 날 아침 에코와 겐토가 일어나자마자 묻는다.
"와타나베 아저씨는 어디 있어?"
"와타나베 아저씨 안 자고 갔어?"
이런 일은 처음이다. 와타나베는 대학시절부터 함께 밤을 새곤
하던 친구이다. 아내와도 잘 아는 사이다. 아마도 아빠와 엄마의
모습이 친형제를 대하듯 편해 보였나 보다.
그러고 보니 육아휴직을 하고 나서 친구와의 관계를 다시
돌아보게 된 계기가 있다.
난 오랫동안 아내에게는 친구가 거의 없다고 생각했다. 그리고
그것은 '내 인덕'이 '아내의 인덕'보다 크기 때문이라고 생각했다.

휴일에 집에 놀러 오는 친구는 거의 내 친구나 그 가족이다. 밤에도 내가 친구를 만나러 가는 일은 있어도 아내는 그런 일이 거의 없다. 대부분 낮에 점심 모임을 하는 것 같았다. 그러나 육아휴직을 한 이후 냉정하게 관찰해 보니 다른 사정이 있었다. 아내의 친구는 여성이 많다. 결혼한 여성은 전업주부이든 아니든 집안일과 육아에 매여 있다. 당연히 친구를 만나려고 해도 시간의 제약이 따른다. 한편 30대 후반에 가정이 없는 여성과는 관심도 돈 씀씀이도 다르다. 이런 이유로 친구를 만나기가 점점 힘들어진다.

아내는 친구가 적은 것도 아니고 인덕이 없는 것도 아니었다. 핵심은 세상 남자들이 가정에 공헌하는 시간보다 친구를 만나는 시간을 우선하고 있을(그것을 허용받고 있을) 뿐이다. 지금까지 종종 아내에게 "당신은 친구가 별로 없나 봐. 나처럼 인덕을 쌓아봐." 라고 함부로 말했던 일을 깊이 반성한다.

D+295
호빵맨과 피카츄

부모 역할을 제대로 하려면 기억해야 할 것들이 많다. 내 경우는
호빵맨과 친구들이다. 겐토는 호빵맨을 무척 좋아한다. 그런데
호빵맨에 나오는 캐릭터는 무려 1,000종류가 넘는다.
"겐토, 얘가 크림빵이지?"
"롤빵은 메론빵의 언니인 거지?"
최근에는 나도 좀 아는 체를 하게 됐다.
그러나 캐릭터는 무수히 많고 그것을 향한 아이들 기억력은
무한대이다. 언제부턴가 아이들이 내게 핀잔을 주기 시작했다.
"아빠, 틀렸어. 이건 대파맨이야."
겐토가 소리친다. 기분 나쁠 때에는 얘기한 것과 다른 캐릭터를
건네주면 나를 혼낸다. 기분이 좋을 때에도 "아빠, 잘못 줬네."
하고 '내가 더 잘 알아'라는 말이라도 하고 싶은 듯 씩 웃으며
득의양양한 표정을 짓는다. 제멋대로다.
그래도 시간이 지나자 조금씩 호빵맨과 멀어져 갔다. 호빵맨
말고도 갖고 놀 게 많아져서다. "대개 세 살 지나면 호빵맨은
졸업해요." 폴리오 예방접종을 하러 갔을 때 만난 옆자리 엄마가
알려준 대로다.
"야호, 드디어 호빵맨 캐릭터 암기에서 해방이다."

지금까지 캐릭터 외우느라 고군분투했던 내가 대견하게 느껴졌다. 그런데…, 겐토가 이번엔 포켓몬에 관심을 보이기 시작했다.

아내가 편의점에서 받아온 포켓몬 스티커가 문제였다. 여름방학 동안 어린이 고객을 사로잡기 위한 편의점의 이벤트였다. 역 근처에서도 사람들에게 포켓몬 스탬프를 찍어주는 이벤트를 한다고 했다. 처형 이야기로는 각 역마다 스탬프를 받으려는 사람들이 길게 늘어서 있다고 한다. 난 이런 이벤트를 좋아하지 않지만, 아내는 공짜로 뭔가를 주는 캠페인을 엄청 좋아해서 주는 족족 받아온다.

"겐토가 좋아하잖아. 공짜이고."

내가 보기엔 겐토가 아니라 아내가 더 좋아하는 것 같다. 공짜라고? 스티커 모으는 데 드는 수고를 한 번 생각해 보라고! 재빨리 아내가 스티커를 겐토에게 주었다. 왠지 불길한 예감이 엄습했다. 겐토는 만족스러운 듯 스티커를 쳐다본다.

"아빠, 루카리오 스티커 좀 떼 줘."

뭐, 뭐라고? 피카츄 말고도 다른 놈들이 있는 거야? 고개를 절레절레 흔들며 스티커를 쳐다봤다.

"루카리오 말이야. 빨리, 빨리."

겐토가 짜증을 낸다. 서둘러 스티커에 있는 캐릭터 이름을

찾았다. 있다, 있어. 얘가 루카리오군. 겐토는 도대체 언제 이름을
다 외웠지. 알고 보니 포켓몬에도 350개가 넘는 캐릭터가
있었다.
한 고비 넘으니 또 다른 고비가 닥친다. 아빠 노릇을 제대로
하려면 기억력도 끊임없이 갈고닦아야 한다.

아이들한테 사랑받는 아빠가 되기 위해선
끊임없는 공부가 필요합니다.

D+300
쌍둥이 기저귀 떼기

다카시가 태어났을 때에는 의외로 의젓하게 행동했던 에코와 겐토. 퇴행 행동이 나타나면 어쩌지 하는 엄마, 아빠의 걱정을 비웃기라도 하듯 엄마한테서 잘 떨어져 주었다. 이렇게 끝날 줄 알았다. 그런데 다카시가 누나와 형의 놀이에 끼어들기('훼방을 놓는다'가 맞겠지) 시작하면서부터 고개를 갸우뚱하게 되는 행동이 눈에 띄기 시작했다.

"나도 마실래."

겐토가 다카시가 마시고 있는 젖병을 뺏어서 마신다. 처음에는 단순한 장난으로 웃어넘겼는데 이어진 말을 들으니 그게 아니었다.

"나도 아기지? 큰 아기."

뭐라고? 이게 바로 퇴행 현상인가! 갑자기 왜 이러는 거지? 다카시가 크면서 이제야 비로소 그 존재가 겐토의 눈에 들어오기 시작했는지도 모른다.

겐토의 퇴행 현상은 집에서뿐만 아니라 어린이집 등하원 때도 나타났다.

"유모차, 푸우 유모차!"

겨우 쌍둥이용 유모차를 졸업했다고 생각했는데 이번에는 1인용 유모차가 타고 싶다고 떼를 쓴다.

어쩔 수 없이 겐토를 유모차에 태우면 에코는 자기가 밀겠다고 나선다. 같은 날 태어난 쌍둥이인데 하나는 유모차에 타고 다른 하나는 그 유모차를 미는 상황이다.

그렇지만 겐토가 잘하는 점도 있다. 겐토는 벌써 두 달 전에 기저귀를 뗐다.

"에코랑 다카시, 누가 빨리 기저귀 뗄까?"

유모차에 탄 겐토가 유모차를 밀고 있는 에코를 놀린다. 야, 야, 유모차 타는 주제에 그런 말이 나오냐.

겐토는 저녁 먹고 나서 목욕을 하기 전에 꼭 화장실에 간다. 그러고는 "아빠, 봐봐." 하고 나를 부른다. 나는 매일 밤 겐토 엉덩이에서 똥이 나오는 걸 관찰해야만 한다.

물끄러미 바라보고 있는 게 멋쩍기도 해서 "응-가. 응-가." 겐토가 힘을 줄 때마다 함께 소리를 낸다(바보 같나?). 보기만 해도 기분이 좋아지는 쾌변이다.

기저귀를 벗고 팬티를 입으면서 혹시나 하는 마음에 외출할 때는 몇 시간에 한 번씩 "겐토, 쉬하러 가자." 라고 말을 꺼낸다. 겐토는 이제 어른이 됐다는 생각을 하는지, 자기한테만 쉬하러 가자고 하는 게 마음에 들지 않는 모양이다. 그 자리에서 버티고 서서 안 가겠다고 떼를 쓴다.

"겐토, 아빠 쉬하러 가는데 같이 가지 않을래?"
이렇게 말해야만 따라나서는 터라 주변의 눈치를 보게 될 때도
여러 번이다. 어쨌든 옷에 쉬하는 일도 없어졌다. 다만….
"아빠는 혼자서 쉬하러 못 가나 보네."
겐토가 이런 말을 하기 시작했다.
한편 에코는 원래 겐토에게 지는 걸 못 참는 성격이다. 요즘은
라이벌이라 여겼던 겐토에게 선두를 뺏겨서 풀이 죽어 있다.
"난 못 하니까." 라고 말하며 아무렇지 않게 쉬도 응가도
기저귀에 했다.
그런데 방금 전 "에코랑 다카시, 누가 빨리 기저귀를 뗄까?" 라는
겐토의 한마디가 에코의 자존심을 건드렸다. 지금까지 한 번도
경쟁 상대로 생각해 본 적조차 없는 다카시와 비교당했다는
사실이 충격이었나 보다.
저녁 식사를 마치고 겐토보다 먼저 에코가 "응가 마려워." 하고
소리친다. 이런 일은 처음이다. 서둘러 에코를 변기에 앉혔다.
"응-가. 응-가."
매일 밤 겐토랑 아빠가 내는 소리를 들은 탓에 호흡법은 이미
알고 있었다.
퐁당, 퐁당, 응가 떨어지는 소리가 났다.
"우와, 해냈네. 에코! 멋지다, 멋져. 정말 잘했어."

에코 머리를 쓰다듬어줬다. 에코도 기뻐 어쩔 줄 모른다.
휴, 이걸로 쌍둥이는 기저귀 졸업이다.

D+305
세 살 에코의 첫사랑

아무래도 에코가 이상하다.
"레로, 레로, 레로, 레로."
무슨 기분 좋은 일이라도 있는지 혀 꼬인 소리로 자꾸 같은
말을 되풀이한다.
"무슨 말 하는 거야?"
"영어야, 영어."
영어를 가르친 적이 없는데 뭔 소리지.
에코와 겐토가 한 살도 채 안 됐을 때 '디즈니 영어
시스템'이라는 교재를 팔러 온 외판원이 있었다. 아직 말도
제대로 못하는 쌍둥이에게 영어를 들려주라는 것이었다.
그 값이 무려 50만 엔이나 했다.
장난이 아니군. 우선 말이라도 제대로 해야 뭘 가르치지. 영어가
중요할지도 모르겠지만 아이한테는 영어보다 중요한 것이 훨씬
더 많다. 우리말보다 영어를 먼저 가르칠 순 없지. 외판원을
서둘러 돌려보냈다.
그런데 에코는 도대체 어디서 영어를 들었지.
에코는 "스-프, 스-프.", "피넛 버터, 피넛 버터." 하고 영어 단어를
하나둘씩 말한다.

"에코, 그런 말 어디서 배웠어?"

"로시가 영어로 얘기해."

로시는 같은 어린이집에 다니는 영국인 남자아이다.

그러고 보니 며칠 전에는 에코가 아끼던 병아리 인형과 강아지 인형을 어린이집에 갖고 갔다. 그리고 어린이집에 도착하자마자 로시에게 달려가 인형들을 보여줬다. 그 인형들은 에코가 잠 잘 때 꼭 껴안고 자는 인형이다. 그걸 보여줬다는 건 로시가 무척 마음에 들었다는 얘기인가?

설마, 세 살짜리에게 첫사랑이 찾아올 것이라고는 생각도 못 했다. 여자애들이 빠르다는 얘기를 듣기는 했지만 이렇게까지 빠를 줄이야.

게다가 상대는 외국인이다. 물론 둘이 서로 좋아하고 서로에게 충실하다면 국적이 무슨 대수겠냐만은, 국적이 다르면 문화도 다르다. 같은 나라 사람끼리 사귀는 것에 비하면 아무래도 힘든 점이 많을 것이다. 에코는 이런 장애물을 극복할 각오가 되어 있을까.

걱정이 너무 앞섰다. 이제 겨우 세 살이다. 아니야. 연애는 처음이 중요해. 충분히 대화를 나눠 부모와 자식 사이에 공감할 수 있는 결론을 내야 한다. 그러려면 우선 사실 확인이 필요하다. 에코에게 물었다.

"에코. 혹시 로시 좋아하니?"

"응."

그랬구나. 대화 주제와는 상관없지만 마음에 걸렸던 질문이 무심코 입 밖으로 튀어나왔다.

"아빠랑 로시, 누가 더 좋아?"

"음, 아빠."

그래! 그래야지, 좋아. 그럼 안심이다. 하지만 역시 로시를 좋아한다는 사실에는 변함이 없다.

다음은 로시의 마음을 확인할 차례다. 에코가 혼자 짝사랑에 빠진 걸지도 모르니까. 짝사랑이라면 그걸로 됐다(고 해야 되나. 솔직히 그러기를 바라고 있다.).

자, 어떻게 확인을 하지. 어린이집에서 로시를 붙잡고 이것저것 꼬치꼬치 캐묻는 모습을 다른 엄마들이나 선생님들이 본다면 이상하게 생각할 것이다. 조용히 어린이집 선생님에게 묻기로 했다. 얼른 어린이집 알림장에 적어 놨다.

"요즘 에코가 로시를 좋아하나 본데 로시는 어떻게 생각하는지 아빠 입장에서는 무척 신경이 쓰입니다. 제가 물어보기도 그러니 로시한테 슬쩍 물어봐주시면 고맙겠습니다."

다음 날 알림장에 답이 왔다.

"로시도 좋아한다고 말했습니다! 산책 나갈 때는 둘이서 손을 꼭 잡고 가더라고요. 어린이집에서 에코가 로시 얘기를 많이 합니다."
혹시나 했던 일이 역시나가 됐다.
어린이집 선생님이 재밌어서 나를 골리는 건 아니겠지?
처음엔 로시와 에코의 관계를 의심하는 나를 보며 "무슨 생각을 하는 거야. 질투하는 거야?" 하고 바보 취급을 하던 아내도 조금씩 신경을 쓰기 시작했다.
에코에게 다시 한 번 물어봤다. 며칠 사이 마음이 바뀌었을지도 모르는 일이다. 여자의 마음은 갈대 같으니까. 마음이 변했다면 더 이상 걱정할 필요가 없다.
"에코, 로시 좋아해?"
"응. 좋아해."
에코가 대답을 하며 조금 수줍은 표정을 짓는다. 더 이상은 말하고 싶지 않다는 뜻이다. 맞다. 나도 어릴 적에 엄마가 짝사랑하는 여자애 얘기를 꺼내면 당황했던 기억이 떠올랐다. 안달복달하기보다 조금 거리를 두고 지켜보는 편이 좋을 것 같다.
"어차피 내년 봄 되면 헤어질 텐데 뭐."
아내는 로시네 집이 우리 집과 꽤 멀리 떨어져 있다는 얘기를 들은 모양이다. 지금 쌍둥이가 다니고 있는 어린이집은

에코에게 첫사랑이 찾아왔습니다.

만 3세까지만 다닐 수 있다. 내년 봄이 되면 각자 다른 어린이집으로 흩어진다.

문득 내년 봄이 되면 첫사랑과 이별해야 하는 에코가 가여워졌다. 갑작스러운 이별에 분명히 당황하고 놀랄 것이다. 하지만 인간은 슬픔을 극복하는 경험을 통해 비로소 남을 배려하는 마음을 갖게 되는 법이다. 그때가 되면 슬픔에 잠긴 에코가 잘 견뎌낼 수 있도록 든든한 마음의 후원자가 되어 주어야겠다.

D+310
9개월 정기검진

벌써 생후 9~10개월 정기검진 시기가 다가왔다. 이번에는
지난번의 원숭이 육아라는 지적을 복수하리라고 다짐했다.
남에게 내 육아를 평가받는 몇 안 되는 기회이니 인정받고 싶은
마음이 컸다.
"안녕하세요, 오늘 엄마는요?" 지난번과 똑같은 질문이다.
"제가 애를 보고 있습니다."
"아, 그랬죠. 자, 다카시, 건강한가요? 건강해 보이네요."
간호사도 기억이 나나 보다. 그만큼 아빠가 애를 키우는 건 보기
드문 일이니까.
"이유식은 잘 먹나요?"
기다리던 질문이다. 다카시가 얼마나 순조롭게 이유식을 잘
먹는지, 그리고 이제 곧 이유식을 뗄 때가 됐음을 설명했다.
"하루에 세 번, 매일 밥그릇 가득 먹어요. 그걸로 부족한지
말랑말랑한 빵도 좀 먹고요. 분유 양은 조금씩 줄고 있는데,
하루에 먹는 양이 450밀리리터 정도 되는 것 같아요."
"딱 적당하네요."
간호사가 고개를 끄덕인다.
그밖에도 다카시의 상태를 묻는 질문이 이어졌다. 막힘없이

술술 대답했다. 문제는 없어 보였다. 키는 76cm. 12개월 아기 평균 신장이다. 다카시는 아직 11개월이니 비교적 큰 편이다. 잘 자라줘서 기쁘다. 체중은 8.9킬로그램이다.

"딱 좋아요."

이걸로 간호사라는 관문은 무사히 통과했다. 칭찬을 받지는 못했지만 혼이 나지도 않았다. 다음은 영양사. 지난번에 다카시를 원숭이 취급했던 마녀 차례다.

당당하게 다카시가 얼마나 균형 잡힌 식사를 하는지 설명했다. 영양사가 고개를 끄덕인다. 이제 곧 오케이 사인이 떨어지겠지.

"아, 마지막 질문인데요."

영양사가 말을 꺼낸다. 뭐지?

"먹을 때 손을 사용해서 먹나요?"

음? 손을 사용해서 먹어야 하는 건가?

"아니요, 아직. 포크나 숟가락은 쓸 줄 모르는데."

"아니, 그 말이 아니라 손으로 먹느냐고요?"

"그 말씀은 손으로 집어서 먹느냐는 뜻인가요?"

"네."

그 물컹물컹하고 끈적끈적한 이유식을 손으로 집어 먹게 한다고? 이거야말로 원숭이다. 이번에는 다카시를 원숭이처럼 키우라는 말인가.

"아니, 그렇게 했다간 손, 얼굴, 옷, 식탁, 바닥, 전부 엉망진창이
될 텐데요. 이유식을 손으로 먹어야 하는 겁니까?"
"아니, 그런 말이 아니라요, 아버님. 치즈나 아기 과자처럼 건조한
음식을 손으로 쥐고 먹을 수 있는지 묻는 거예요."
아하, 그 말이로군. 그렇다면 처음부터 그렇게 말할 일이지.
"음식은 제가 직접 입에 넣어 주고 있어서 다카시가 할 수
있는지 없는지는 잘 모르겠습니다. 뭐, 장난감은 잘 집어
먹으니까 음식도 손에 쥐여주면 잘 먹을 거 같은데요."
영양사 목소리 톤이 한 단 올라갔다.
"뭐라고요, 장난감을 먹는다고요?"
아니, 그게 아니라.
"아니, 아니요. 장난감을 빤다는 말이에요. 집어삼키거나 하지는
않습니다."
어지간히 내 말에는 믿음이 안 가는 건지, 내가 이 세계의
상식과는 한참 거리가 멀어서 그런 건지 대화가 잘 안 통한다.
아무튼 '음식을 손으로 집어서 입에 가져간다'라는 심사항목은
불합격인 것 같다. 유감스럽군. 이것만 통과하면 됐는데.
집에 돌아와서 다카시에게 빵을 건네줘 봤다.
다카시는 잠시 망설이는 것 같았다. 늘 손에 있는 것을 입에
가져가면 아빠가 뺏었는데 오늘은 빙그레 웃으며 손에 쥐여준

것이다. 평소와 다른 상황이 이해가 되지 않는 표정이다. 그러나 이내 입으로 가져간다.
"그래, 그래, 그러면 돼. 이건 먹는 거니까. 장난감은 안 되지만 먹는 건 괜찮아."
결국 부스러기 하나 흘리지 않고 빵을 다 먹어치웠다.
뭐야. 간단한 일이잖아. 잘했어, 잘했어.
이것으로 육아휴직 기간 중 마지막 정기검진이 끝났다.
완벽하지는 않지만 마지막 과제, 손에 쥐고 먹는 문제는 집에서 보충 학습으로 끝내고 무사히 졸업했다.

D+315
공무원 스타일

오늘은 폴리오 예방접종 2차를 맞는 날이다. 보건소로 향했다. 지난번엔 유모차가 입구에 쭉 늘어서 있더니 오늘은 거의 보이지 않는다. 문득 불길한 예감이 든다.
"안녕하세요."
접수처 직원이 뚱한 표정으로 돌아본다.
"죄송합니다. 오늘은 접수가 끝났는데요."
뭐라고, 그럴 리가 없다. 현재 시각은 3시 3분이고 안내장에는 '2시부터 3시 15분까지'라고 적혀 있다.
"아니, 아직 접수 받는 시간이잖아요."
안내장을 들이밀며 따진다.
"이건 다른 보건소에서 그렇다는 얘기고 여기는 3시까지예요."
잘 읽어 보니 안내장 오른쪽 하단에 '단, ○○보건소는 3시까지입니다'라고 빨간 글씨로 작게 쓰여 있다. 이렇게 세세한 부분까지 꼼꼼히 읽는 사람이 대체 몇 명이나 될까? 좀 더 큰 글씨로 눈에 확 띄게 적어 놓으면 안 되나. 점점 화가 나기 시작했다.
"그래도 지금 3분밖에 안 지났잖아요."
"죄송합니다."

"의사 선생님 벌써 퇴근하셨어요?"
"네."
"정말로 3분 만에 나가버린 겁니까. 힘들게 애를 데리고 왔는데. 나오려는 데 갑자기 응가를 해서 조금 늦은 거예요. 아니, 이 정도도 못 봐줘요?"
폴리오 접종 후 한 달 동안은 다른 예방주사를 맞을 수 없다. 앞으로 한 달 반 후면 어린이집에 아이를 맡겨야 한다. 반드시 맞춰야 하는 주사가 홍역과 풍진. 날씨가 추워지기 전에 독감 예방접종도 해야 한다. 적어도 육아휴직이 끝나는 다음 달 말까지 홍역 예방접종만이라도 끝내둬야 한다. 오늘 미룬다면 홍역 예방접종도 어렵게 된다. 절대 다음 폴리오 예방접종 날까지 기다릴 수 없다.
"정말 답답하게 공무원처럼 구네요."
무심코 말이 튀어나왔다. 순간 직원 얼굴이 일그러졌다. 나도 공무원이라 알지만 이런 일을 하는 사람들에게 '공무원 같다'는 말만큼 상처가 되는 표현은 없다. 하지만 그런 말이 툭 튀어나올 만큼 내 상황도 긴박했다.
"그러게요. 정말 심하네요."
대기실에 앉아 있던 다른 엄마도 한마디 거들었다. 생각지 못한 지원군이다. 그때 직원의 시선이 내 뒤를 향했다. 직감적으로 그 시선을 따라갔다. 웃옷을 입은 의사가 나가려 하고 있었다. 분명 예방접종 담당 의사일 것이다.
"죄송합니다. 폴리오 예방접종을 하러 왔는데요. 애써 여기까지 왔는데 어떻게 안 될까요? 부탁드립니다." 하고 고개를 숙였다.
"아, 그러세요? 들어오세요."
의사는 흔쾌히 응해주었다. 왜 창구 직원은 의사에게 한마디 물어보지도 않았던 것일까.
무사히 접종을 마치고 대기실로 돌아오자 지원군을 자청했던 엄마가 "고맙습니다." 하고 인사를 건넨다. 그 엄마도 간발의 차이로 늦어서 접수를 받아주지 않자 낙담하고 대기실에 앉아 있었던 모양이다.
아이를 데리고 다니다 보면 이런 융통성 없는 행정에 부딪칠 때가 많다. 아이를 대상으로 하는 공적 서비스가 획일적, 기계적이라면 그 피해는 고스란히 부모에게 돌아온다. 인정사정 없는 공무원 스타일의 대응을 볼 때마다 '그 정도는 융통성 있게 해 줄 수 있잖아'라고 소리치고 싶다.

D+320
보육지원센터 방문기

다카시를 데리고 보육지원센터에 가봐야겠다고 오래전부터
생각했는데 여태껏 실천하지 못했다. 보육지원센터는 육아
상담도 하고 시간제 보육 서비스도 제공하는 시설로, 최근
지자체에서 많이 짓고 있다.

보육지원센터에 가는 일은 사실 처음은 아니다. 아내가
출산휴가 중이었을 때 주말에 에코와 겐토를 데리고 간 경험이
있다. 출산한 지 얼마 안 된 아내와 태어난 지 얼마 안 된
다카시, 두 사람이 집에서 푹 쉬도록 말이다. 놀이 공간도 넓은
마룻바닥이고 장난감도 많았다. 아이들이 놀면서 다칠 위험은
없어 보였다.

다카시가 기어다니기 시작하면서부터는 분명 재밌어할 것
같아 한번 데리고 가려 했다. 문제는 거리이다. 집에서 걸어서
30분 가까이 걸린다. 자전거가 아니면 갈 엄두가 나지 않아
선뜻 나서지 못했다.

그러는 사이 다카시가 10개월이 됐다. 이제 때가 된 것 같다.
다카시를 자전거 보조의자에 태워 봤다. 첫 자전거 나들이다.
다카시는 앉자마자 보조의자 핸들을 꽉 쥐며 자세를 취한다.
역시.

자전거가 달리기 시작하자 다카시가 소리를 지르며 웃는다.
나란히 앞을 보고 앉아 있어서 다카시의 표정은 볼 수 없지만
첫 자전거 나들이가 무척 마음에 드는 모양이다.
5분 만에 보육지원센터에 도착했다. 다카시를 보조의자에서
내리려는 데 울기 시작한다. 자전거에서 내리기 싫다는
뜻이었다.
"미안. 다카시. 하지만 더 재밌는 곳에 왔어."
말을 걸며 다카시와 함께 보육지원센터 안으로 들어갔다.
"이게 뭐야!?"
엘리베이터에서 내리자마자 눈앞에 펼쳐진 광경에 탄성이
터져나왔다. 보육지원센터 앞 복도에는 유모차가 꽉 들어차
있었다. 이렇게 애들이 많았나. 문을 열고는 또 한 번 깜짝
놀랐다. 넓은 마룻바닥에 아기, 아기, 아기…, 엄마, 엄마, 엄마….
합치면 50쌍, 100명 정도는 될 것 같다. 발 들여놓을 데가 없을
정도로 아기와 엄마로 북적북적했다.
웬만한 일에는 이제 기죽지 않게 되었지만 상황이 이렇다보니
조금 긴장이 된다. 이곳은 그야말로 '여인(과 아기)의 정원'이다.
성인 남자는 눈 씻고 찾아봐도 없다.
순간 '그냥 돌아갈까' 하는 생각이 머릿속을 스쳤다. 그러기엔
다카시가 안쓰럽다.

심호흡을 하고 "안녕하세요. 같이 좀 놀아주세요."라고 말하며 다카시와 함께 들어섰다.
"아, 안녕하세요. 오랜만이네요."
일전에 어린이집 오픈하우스 행사 때 본 적이 있는 엄마다.
아는 얼굴이 있어서 정말 다행이다. 도망치고 싶은 마음이 조금 누그러졌다.
그 엄마가 첫 방문자는 등록이 필요하다는 규정 등 보육지원센터의 이용 규칙을 알려주었다. 나로선 얼굴 아는 사람한테 어떻게든 딱 붙어 있어야겠다는 마음뿐이었다. 하지만 그 엄마 입장에서 보면 다른 엄마들과도 할 얘기가 많겠지.
잠시 뒤 그 엄마가 "방 안쪽에서 다카시랑 놀아보는 게 어떠세요?" 하고 조심스레 권했다.
이제 더 이상 의존해선 안 된다. 용기를 내서 안쪽으로 갔다.
다카시는 아기들한테도 엄마들한테도 거리낌 없이 다가갔다.
다른 아이가 갖고 노는 장난감에 손을 대기도 하고 엄마들이 머리를 쓰다듬어 주면 만족스레 빙긋 웃기도 했다. 아빠와 달리 스스럼없다. 나는 다카시를 관리하기에 바빴다.
"다카시, 친구 장난감에 함부로 손대면 안 돼."
"아니야, 안 돼요. 다카시. 자, 여기."
어른들 대화에 굶주려 있던 내겐 썩 만족스러운 대화는 아니다.

그래도 이제 겨우 옹알이를 하는 아이와 단 둘이 집에 있는
것보다는 훨씬 낫다.

지난 여름부터 시작된 의문 하나가 해결됐다. 추운 겨울 찬
바람이 몰아치거나 한여름 태양이 작열하는 공원이 텅 비어
있던 이유를 이제 알게 되었다. 육아맘들은 공원이 아니라
보육지원센터에 모여 있었다.

보육지원센터가 생긴 것은 2년 전이다. 아내와 린타로 엄마가
아이를 키울 무렵에는 이런 게 없었으니 내게 얘기를 못 해 준
것도 당연하다. 육아 정보도 급속도로 변한다.

아내와 린타로 엄마는 모르는 장소를 나는 알고 있다고
생각하니, 괜히 우쭐해졌다. 같은 반 아이들은 아무도 모르는
비밀 기지를 혼자만 발견한 기분이 이럴지도 모르겠다.

D+325
아내의 직장생활

"오늘 회식 있어. 7시부터니까 아마 9시, 늦어도 9시 반에는
들어올 거야."
아내는 분명 이렇게 말하고 출근했다.
아내도 직장인이니 가끔은 야근이나 회식을 하는 게 당연하다.
그런 날은 나 혼자 애 셋을 봐야 한다. '오늘 밤은 어쩌나' 하는
생각에 빨리 들어오라는 말이 저절로 튀어나온다. 3년 전
쌍둥이가 태어났을 무렵 아내에게 귀에 못이 박히도록 들었던
말이다.
처음에는 애 셋을 혼자서 보는 게 롤러코스터를 타는
기분이었는데, 이제는 애들이 좀 커서 그런지 육아에 나름
익숙해져서 그런지 어떻게든 혼자서 애들을 먹이고 씻기고
재울 수 있게 됐다.
문제는 그 다음이다. 다카시는 아빠랑 있으면 일찍 잠을 잔다.
에코도 아빠랑 같이 자는 데 별 무리가 없다. 문제는 겐토다.
겐토는 엄마가 없으면 잠을 안 잔다. 엄마가 올 때까지 기다린다.
그런 겐토의 고집을 알기에 엄마는 지금까지 늦어도 10시에는
집으로 돌아왔다.
매번 회식 중간에 서둘러 나와야 하는 아내한테 미안하기는

하다. 전에 아내는 체념한 듯 말한 적이 있다.
"남자들이 집에서 아내와 애들 셋이 기다리고 있습니다, 이런 말하면 2차 가야지 무슨 소리야, 이러잖아. 여자들이 집에서 남편이랑 애들 셋이 기다리고 있다고 하면 힘들겠다고 어서 가보라고 해."
성역할에 대한 세상의 편견을 나 또한 만만하게 보고 있었는지 모른다.
그날 밤 9시 반이 넘어도 아내는 오지 않았다.
"엄마 왜 안 와?"
쌍둥이가 징징대기 시작했다.
10시가 넘었는데 아무런 연락도 없다. 일단 쌍둥이들 마음을 딴 데로 돌려야겠군. 같이 춤추고 노래를 불렀다. 애들도 나도 피곤해졌다.
10시 반이 넘었다. 이런저런 사정이 있겠지만 왜 이렇게 안 오는 거야. 에코와 겐토가 보채기 시작했다.
10시 45분. 전화벨이 울렸다. 역에 도착했나 보군. 다른 사람이랑 같이 전철을 타다 보면 집에 전화하기가 힘들 수도 있지.
"여보세요. 지금 어디야?"
"아직 회식 자리야."
"뭐, 아직도? 빨리 들어와."

"그렇지? 들어가야 되겠지?"

"☆&%$?#=*@!"

이 여자, 지금 무슨 소리 하는 거지? 겐토 재울 시간까지는 반드시 귀가한다는 약속을 뻔히 알면서 왜 이러는 거야.

"당신은 왜 겐토 못 재우는 거야."

적반하장도 유분수다. 늦은 걸 미안해 하는 기색도 없이 내 육아 능력을 비판한다. 이것 봐라, 문제를 슬쩍 떠넘기는군.

"내 문제가 아니라 겐토랑 당신 문제야. 미리 겐토한테 엄마가 없어도 아빠랑 잘 자라고 말해두었으면 모를까 그런 말도 안 했잖아. 빨리 들어올 거라고 해놓고 이제 와서 도대체 무슨 말 하는 거야?"

아내는 취했는지 고집을 부린다.

"다들 안 가고 있단 말이야."

"당신처럼 애 있는 엄마도 있어?"

"있어."

"그 사람은 그 사람이고 우린 우리야. 나중에 다시 얘기하고 어쨌든 지금은 빨리 들어와. 애들 생각은 안 해?"

"정말 어떻게 안될까?"

"전화할 시간 있으면 빨리 들어와!"

툭. 전화를 끊었다.

그날 아내는 자정을 넘기고 집에 돌아왔다. 에코와 겐토는 이미
눈꺼풀이 내려와 있었고 술에 취한 아내와 곧바로 잠이 들었다.
다음 날 둘이서 이 문제를 두고 말다툼을 벌였다. 아내의
해명은 이랬다.

나도 직장인이다. 가끔은 밤늦게까지 술 마시고 사람들이랑
어울리고 싶다. 당신은 육아휴직 중에도 한 달에 한두 번은
사람들 만나러 나가지 않느냐. 이건 불공평하다. 겐토가 엄마
없이 잠 못 자는 게 쌍둥이를 2년 반 동안 내가 키운 결과라면
너무 억울하다. 그때 혼자서 아등바등 육아를 다 떠맡아서
지금 불이익을 당하는 것 아니냐. 당신이 지금 육아 때문에
고생하고 있는 것은 인정한다. 하지만 쌍둥이 키울 땐 손끝 하나
까딱 하지 않았다. 쌍둥이 클 때 좀 더 애들을 열심히 봐줬으면
겐토가 안 이랬을 거다. 과거 청산을 위해서라도 겐토가 아빠랑
잠들 수 있을 때까지 좀 더 육아에 전념해 주었으면 좋겠다.
내 주장은 이랬다.

당신 말은 이해한다. 하지만 이미 엎질러진 물이다. 잘 생각해
보면 겐토가 엄마가 아니면 잠을 못 자는 것은 엄마와 겐토
사이의 문제이다. 엄마가 겐토를 그렇게 길들였다는 말도 된다.
지금 에코는 아빠랑 같이 자는 데 아무 문제가 없다. 다카시는
아빠가 아니라 엄마와도 잘 자는데 이것을 두고 아빠는 저녁에

아내는 왜 집에 들어오기 싫었던 걸까요?

놀러 나갈 수 있으니까 불공평하다는 말은 지나치다. 회식에 빠지기 싫다는 말은 이해한다. 앞으로 겐토가 엄마 없이도 잘 자기를 바란다면 그렇게 되도록 천천히 연습해 나가자. 갑자기 전화해서 늦는다는 식으로 말하지 말고!

다툼 끝에 엄마가 없어도 겐토가 아빠랑 같이 잘 수 있게 부부가 함께 노력하자고 결론을 내렸다. 곰곰이 생각해 보면 다카시 출산 때문에 아내가 입원했을 때에는 겐토도 엄마 없이 잘 잤다. 불가능한 일은 아니다.

D+330
가족 여행

여름이 끝나가고 있다. 그동안 주말을 이용해 몇 차례 근교로
짧은 여행을 다녀왔다. 함께 간 가족은 여행 때마다 다른데,
모두 아이가 하나인 3인 가족이었다. 처음부터 아이가 하나인
집을 의식해서 고른 것은 아니지만 결과적으로는 그게
정답이었다.

아이가 없는 부부와 함께 가면 아이랑 함께 가는 여행의 여러
가지 돌발 사태를 잘 이해하지 못한다. 별 도움도 못 받을 뿐
아니라 그쪽도 스트레스를 받기 마련이다. 반대로 아이가 둘
이상이면 그쪽은 그쪽대로 아이들 챙기느라 바빠서 도움을
받을 수 없다.

같이 가는 가족이 아이가 하나라면 어른 한 사람의 손이 여유가
있어 자연스럽게 도움을 받는다. 예를 들어 마트를 갈 때다.
어린이가 탈 수 있는 쇼핑 카트에 모두 다 타고 싶어 할 때 우리
부부만으로는 카트 세 개를 밀 수 없다. 그럴 때 다른 가족의
한 사람이 다카시의 카트를 밀어준다.

수영장에서도 마찬가지다. 혼자서 수영을 못하는 아이들이니
자연히 다카시는 다른 가족의 손에 맡겨진다.

다른 가족이 속으로 어떻게 생각할지 모르겠지만 우리 입장에선

무료로 베이비시터를 구한 셈이다. 미안하기는 하지만 그냥
고맙게 호의를 받아들이기로 했다.
여행 첫날 밤, 같이 간 아빠가 물었다.
"일요일 오후에 느긋하게 술 한잔 할 수 있는 좋은 술집 아는 데
없어요?"
아, 이 사람은 그런 호사를 누릴 수 있는 처지란 말인가? 새삼
놀랐다. 그렇다면 이번 여행은 분명 피곤했을 터이다.
아이가 하나라면 아이를 아내에게 맡기고 혼자 나가 술을
마시는 것도 가능하겠군. 이런 사람은 육아를 논할 자격이
없다. 한편으로는 모처럼 아이를 키우며 자신도 성장할 수 있는
기회를 허공으로 날려버리는 것이 안쓰럽기도 했다. 나는 분위기
있는 술집을 찾는 것보다 아이들과 함께 수영장에 있는 쪽이 더
즐겁다.
린타로 가족과 함께한 여행은 특히 인상적이었다. 아이들을 통해
알게 된 가족과 여행을 가는 경험은 처음이었다. 가장 다른 점은
역시 아이들이 노는 모습이다.
부모만 아는 가족끼리 여행을 가면 애들끼리 친해지는 데
시간이 걸린다. 하루나 이틀 정도의 여행이라면 이제 좀
친해졌다 싶으면 헤어질 때가 된다.
에코, 겐토, 린타로에게 이번 여행은 어린이집의 연장이었다.

만나자마자 함께 장난감을 갖고 놀기도 하고 싸우기도 한다. 그리고 집에서처럼 다카시는 '바바바바' 소리를 내며 세 사람 사이에 끼어든다. 모두가 평소 모습 그대로였다. 그런 아이들을 보고 있으면 부모도 마음이 편안하다.

아이가 다른 아이와 평소처럼 노는 모습을 지켜보는 시간은 아이의 있는 그대로의 모습을 다른 아이와 비교해 볼 수 있는 기회가 되기도 한다. 쌍둥이는 성장 과정 초기에 둘이서 엄마를 나눠 가져서인지 큰 소리로 고집을 부리며 응석 부리는 일이 많다. 특히 차에서 내린 직후에는 잠이 덜 깬 탓에 "안아줘", "졸려" 하고 울며 보채는 일이 많다. 우리 부부는 그것을 당연하게 여겼다.

하지만 함께 차로 이동해도 린타로는 전혀 그런 행동을 보이지 않았다.

"린타로는 늘 이렇게 의젓해요?"

"네, 뭐 특별히 보채거나 하지는 않아요. 다행히."

혼자이지만 그만큼 늘 부모가 살펴봐주고 애정을 듬뿍 쏟아서 그런 것 같다.

애가 셋이면 집안은 늘 시끌벅적하다. 서로에게 시달리며 애들은 단련이 되겠지만 아무래도 부모가 아이 한 명 한 명에게 쏟는 시간과 돈과 수고는 줄어들 수밖에 없다. 한 아이의 바람을 들어주는 일이 다른 아이의 바람을 꺾는 일이 될 때도 있다.
밤에 아이를 재우고 난 후 부모들끼리 모여 앉아 얘기를
나누는 시간도 여행의 묘미다. 아이들이 아니었다면 서로
모르는 사이였을 두 집이 아이들이 커가는 모습, 어린이집 생활,
그리고 우리와는 다른 가족의 모습 등을 주제로 시간 가는 줄
모른다. 직장 생활 얘기를 듣는 것도 흥미롭다. 새로운 세계를
접하면서 내 시야가 넓어지는 것 같고 무엇보다 정말 재미있다.
이야기하느라 밤새는 줄 모르다 문득 밖을 보니 벌써 아침이
밝아오고 있다. 이런 기분은 대학 졸업 후에 처음으로 맛본다.
여행에서 돌아오는 길에 린타로네 차가 요금소에서 우리 차를
앞질러 갔다.
"아빠, 린타로네 차가 먼저 간다."
"저기 멀리 가버렸는데."
아무 뜻 없이 던진 쌍둥이의 말에 갑자기 경쟁 심리가 발동하여
"따라잡자!" 하고 속도를 높였다.
안 돼, 안 돼. 애들 말에 혹해서 이렇게 과속하면 안 되지.
안전운전이 제일 중요하잖아. 머리로는 안전운전을 외치지만
발은 액셀을 밟고 있다.
다행히 15분 정도 지나 명예 회복의 기회가 왔다. 다음
요금소에는 하이패스 전용 게이트가 있었다. 린타로네 차에는

하이패스 단말기가 없다.
하이패스 전용 게이트를 나오자마자 속도를 더 높였다.
"아빠, 우리가 이겼어."
"우와, 우와, 린타로네 차 안 보여."
아마 린타로네 차에선 방금 전 우리 차에서 나왔던 반응과 똑같은 장면이 재현되고 있지 않을까. 여기서 거리를 넓히지 않으면 다시 린타로네 차에 역전당해 계속 이런 불행한 장면이 두 집에서 반복되겠지. 린타로에겐 미안하지만 이대로 그냥 앞질러 가야겠다.

D+335
육아아빠의 고민 ⑩
육아휴직 말년에 닥친 몇가지 걱정거리

오후 세 시에 전화가 울렸다. 다카시와 산책을 나서려던 참이었다.

"어린이집인데요. 겐토가 열이 39.1도, 에코는 39.9도예요. 데리러 오실 수 있으세요? 에코는 걷기도 힘들 것 같아요."

어린이집 선생님이다. 일단 의문문 형식을 취했지만 내가 집에 있는 걸 알고 있을 터였다.

아이가 낮잠 자고 일어나는 세 시 무렵엔 열이 나는 일이 많다. 우리 집에선 그 시간을 '악마의 시간'이라고 부른다. 어린이집에 다닌 지 3년째 되니 적응을 했는지 육아휴직을 한 이후로는 악마의 시간에 전화가 오는 일은 한 번도 없었다.

너무 놀아서 그래, 너무 놀아서!

어젯밤, 10시 폐관 시간까지 쌍둥이는 디즈니랜드에서 신나게 놀았다. 게다가 겐토는 집에 와서도 흥이 식지 않아 자정이 지날 때까지 거실에서 놀다가 잠들었다.

다카시를 아기띠로 안고 쌍둥이를 태워올 유모차를 끌고 어린이집까지 걸어갔다. 돌아오는 길에 가까운 병원에 들를 계획이었다.

"죄송합니다. 어제 너무 심하게 놀았나 봅니다."
어린이집 문을 열고 들어가며 인사를 했다.
그런데 어린이집 안은 왠지 팽팽한 긴장이 감돌고 있다.
토끼반에 들어가 봤더니 세상에, 겐토가 온몸이 보랏빛으로 변한 채 경련을 일으키고 있었다. 눈동자는 뒤집혀 있었다. 또 열성경련이다. 놀라서 심장이 툭 튀어나올 것 같았다.
"10초 경련이 두 번. 온몸이 손 끝까지 파래요."
양호 선생님은 침착했다. 하지만 다른 선생님들은 깜짝 놀란 눈치다. 아이들도 많이 놀랐나 보다. 공포 영화라도 보고 있는 표정이다.
이전에 데려갔던 큰 병원으로 갈지, 아니면 가까운 병원으로 갈지 망설여졌다. 단순히 열성경련이라면 심각하게 걱정할 일은 아니라고 들었다. 아내는 계속 전화를 받지 않는다. 남은 두 아이를 돌봐줄 사람을 찾을 때까지는 혼자서 겐토를 큰 병원에 데려갈 수가 없다.
결국 세 아이를 데리고 가까운 병원으로 향했다.
"혼자서 힘드시겠네요."
원장선생님이 유모차를 밀고 동행해 주었다.
병원에 도착해 해열제와 경련을 멈추는 좌약을 넣었다. 의사가 불러도 겐토는 반응이 없다.

"구급차 부를까요?"

의사가 묻는다. 아무래도 큰 병원에 데리고 가는 게 나을 것 같다. 아무런 반응이 없는 것이 불안했다. 구급차를 불러 달라고 부탁했다.

남은 두 아이는 일단 원장선생님이 맡아주기로 했다. 그렇다고 무작정 맡겨놓을 수만도 없는 일인데 아내는 여전히 전화를 안 받는다. 친정에 전화를 했다. 거기도 마찬가지였다. 시댁 쪽은 여행 중이다. 처형한테 전화를 했다. 연락이 닿았다. 4시 반에는 어린이집에 도착할 수 있고 6시까지는 봐줄 수 있다고 한다. 다행이다. 이럴 땐 애들이 많은 게 정말 힘들다.

구급차가 왔다. 겐토를 안고 구급차에 탔다. 여전히 겐토는 아무 반응이 없다. 손가락에 심장박동을 체크하는 기계를 연결했는데 심장이 뛰고 있는 것은 분명했다.

마음을 가라앉히고 차 안을 둘러봤다. 차 밖에서 '삐뽀삐뽀' 사이렌 소리가 울린다. 구급차에 타는 건 처음이다.

구급차에서 내릴 무렵 겐토가 '앙'하고 울음을 터트렸다. 의식이 돌아온 것이다. 그리고 다시 반응이 없어졌지만 조금 안심이 된다.

곧바로 의사의 진찰이 시작됐다. 내가 부를 때에는 아무런 반응이 없었는데 의사가 입을 벌려보자, 주먹 쥐어보자, 눈 떠볼까, 이런 저런 말을 걸자 느리기는 하지만 반응을 한다.
"의식은 있어 보입니다. 다른 데는 다 괜찮고요. 열성경련입니다.
한두 번이면 괜찮지만 자꾸 반복되면 뇌에 안 좋을 수 있으니까
앞으로는 열이 나기 시작하면 경련이 일어나기 전에 약을
먹이세요."
열성경련은 네 살이 넘으면 괜찮아진다고 한다. 앞으로 당분간은
좀 더 조심해야겠다.
당연한 일이지만 감기는 다카시에게도 옮았고 일주일 내내
아이들 병수발을 드는 처지가 됐다. 이런 일이 복직하고 나서
일어났다면 어땠을까 생각하니 등골이 서늘해졌다. 맞벌이
부모가 갑자기 아이가 아플 때 돌봐주는 보육 제도의 필요성을
호소하는 이유를 절실히 실감했다. 복직 이후엔 어떻게 해야
할지 벌써 마음이 우울해진다.

5 육아의 사회적 가치

D+340
복직 준비

"에코 아버님, 이제 곧 복직이죠?"
어린이집에서 쌍둥이들을 챙기고 있는데 별로 얘기를 나눠본 적 없는 베테랑 선생님이 물었다.
"아마 지금이 금방 그리워질 거예요."
그렇다. 이제 곧 복직이 얼마 남지 않았다. 이렇게 즐거운 시간이 추억 속으로 사라져버리는 게 못내 아쉽다.
"복직해도 일주일에 두 번 정도는 애들 데리러 오려고 합니다. 과거의 추억으로 묻어버리기는 싫거든요."
그런데 정말 일주일에 두 번 데리러 올 수 있을까?
복직을 한 달 정도 앞두고 인사담당자가 나를 호출했다. 복직 후에 어떤 일을 하고 싶은지 물었다. 어떤 일을 하는지도 중요하지만 그에 못지않게 어떤 방식으로 일을 하는지도 중요하다. 오히려 묻고 싶었다.
"복직한다고 해도 애가 셋이나 있으니 당연히 이전과 같은 방식으로 일할 수는 없습니다. 물론 베이비시터처럼 돈으로 해결할 수 있다면 하겠지만 아이를 키우다 보면 꼭 부모가 해야만 하는 일이 있습니다. 게다가 아내도 계속 일을 하고 있으니 저녁 회식이라든지 사회생활로 늦는 일이 있을 겁니다. 이런저런

일을 생각하면 적어도 정시퇴근일만이라도 반드시 제시간에
퇴근해야 어떻게든 가정생활이 굴러가리라고 봅니다."
정시퇴근일은 일주일에 두 번으로 수요일과 금요일은 6시에
칼퇴근하라고 인사팀이 정한 방침이다.
복직 후에 어떤 환경에서 일하게 될지 모르지만 정시퇴근일을
고려하면 적어도 일주일에 두 번은 애들을 데리러 갈 수
있겠다는 생각이 들었다.
"10년도 더 된 일 같은데 예전에 다른 어린이집에 있을 때였어요.
아빠가 의사인데 아이를 데리러 오게 되었지요."
선생님이 말을 이었다.
"처음에는 아이를 데리고 가는데 도망치듯 서둘러
가버리더군요."
육아휴직 초반의 내 모습과 똑같다.
"그러더니 점점 아이랑 지내는 시간을 즐기셨어요. 한 번은
삐삐가 울려도 '괜찮아, 괜찮아. 안 봐도 돼'라며 다정하게 아이를
데리고 가더라고요."
지금의 내 모습과 똑같다.
"아이가 어린이집을 졸업할 때 그 의사 아빠가 조용조용한
목소리로 했던 말이 지금도 기억나요. '나는 여기에 오면서
처음으로 환자가 가족을 어떻게 생각하는지 가족이

환자를 어떻게 생각하는지 이해하게 되었습니다. 정말로 큰
공부였습니다'라고요. 야마다 씨를 보면서도 지금 분명 좋은
경험을 하고 있겠구나, 하는 생각이 들었답니다."
좋은 경험 정도가 아니다. 금욕적이고 살벌한, 일에 미친 인생에서
벗어나 강 저편에서 건너온 느낌이라고 할까. 이런 삶이 좋은
경험이나 그리운 추억으로 끝나버리는 게 가슴 아프다.
솔직히 말하면 나는 이제 육아형 인간으로 완전히 탈바꿈했다.
육아휴직 초반에는 그렇게 사무실에서 일하는 꿈을 꾸더니 지금은
언제 그런 꿈을 꿨는지 가물가물하다. 다시 일터로 돌아가면 깨어
있는 시간 대부분을 직장에서 보내게 될 것이다. 복직하면 딱
1년 전 맛봤던 당혹감과 초조감을 또 한 번 느껴야 한다. 하지만
어찌 됐든 지난 1년을 단지 좋은 경험이나 즐거운 추억으로
치부해버리는 건 가혹한 일이다.
일과 육아를 양립할 수는 없을까. 그러기 위해서는 주위 분위기에
휩쓸리지 않도록 자신을 강하게 단련해야 한다. 이 부분은
육아휴직하는 모습을 보고 주위에서도 어느 정도 포기했을 테니
수월하겠지. 또 하나 중요한 것은 남들에게 손가락질 받지 않도록
단시간에 착실하게 일을 마무리하는 자세이다. 늦게까지 남아
있는 것이 일을 잘하는 증거라고 여기는 사람들에게는 업무의
질로 승부를 걸어 볼 계획이다.

D+345
육아아빠의 고민 ⑪
국공립 어린이집 VS 민간 어린이집

"에코 아버님, 마침 11월 1일에 새로운 지자체 인증형 어린이집이 생기는데 다카시를 거기 보내면 어떨까요?"
어린이집 원장선생님이 먼저 말을 꺼냈다.
11월 1일이면 복직이다. 원장선생님도 그 사실을 알고 있다. 다카시는 에코와 겐토가 지금 다니고 있는 어린이집에 대기 상태이다. 조금이라도 도움이 될 정보를 알려주는 배려가 고맙다.
8월에 다카시를 맡길 곳을 찾으면서 한 곳을 눈여겨봤다. 그곳은 옛날부터 국공립 어린이집에 못 들어간 대기 아동을 받아주기로 유명한 민간 어린이집이다. 에코와 겐토가 다니는 어린이집에서도 평판이 나쁘지 않다. 만 2세 미만의 아이들을 열 명 정도 돌보는 작고 가정적인 분위기다. 에코와 겐토가 다니는 어린이집과는 위치가 정반대이고 걸어가기에 꽤 거리가 있지만 여기저기 다녀본 결과 가장 나았다.
전화해서 일단 대기자 명단에 이름을 올렸다.
"네, 10월생 다카시 맞죠?"
전화가 올 거라는 걸 미리 알고 있었는지 반갑게 맞아

준다. 10월 중순부터 2주간 적응기간을 갖고 11월 1일부터 본격적으로 맡기기로 했다.

그런데 새 지자체 인증형 어린이집이 변수로 떠올랐다. 이 인증형 어린이집은 집에서 더 멀다. 자전거로도 15분은 걸릴 것 같다. 너무 멀어 안 되겠다고 생각은 하면서도 일단 설명회는 가보기로 했다.

지자체 인증형 어린이집은 국가의 인가기준을 통과하지는 않았지만 지자체 기준을 통과해 보조금을 받는다고 설명했다. 실제로 시설을 살펴보니 민간 어린이집보다 단연 넓다. 시설도 새것이라 깨끗하다. 이런 시설이라면 애들이 몸도 마음도 건강하게 자라지 않을까 하는 기대가 커졌다.

운영 주체는 대기업이다. 돈만 내면 밤 10시까지 맡아주고 당일에 연장 보육을 신청할 수도 있다. 맞벌이 부부를 겨냥한 시스템이다. 점점 인증형 어린이집쪽으로 마음이 기운다.

두 곳 모두 쌍둥이가 다니는 어린이집과는 방향이 다르다. 집을 가운데 두고 정반대 위치다. 어디를 선택하든 부부가 따로 어린이집에 데려다 줄 수밖에 없다. 민간 어린이집은 아무리 늦어도 7시까지밖에 맡기지 못한다.

"애 데리러 가야 해서 먼저 퇴근하겠습니다."

복직하자마자 상사에게 이런 말을 할 수 있을까.

"저 녀석은 육아휴직하고 나더니 사람이 못쓰게 됐어."
"중요한 일은 못 맡기겠는걸."
이런 말 듣게 되는 건 아닌지 걱정스럽다. 그런 면에서 밤 10시까지 당일에 신청해도 아이를 맡길 수 있다는 점은 분명 매력적이다.

만에 하나 발생할지 모르는 사고도 우려되지만, 여기는 기업이 첫 번째로 만든 어린이집이다. 혹시 무슨 일이 생긴다 해도 회사의 명예가 걸려 있으니 보상 문제를 허투루 하지는 않을 것이다. 한편 10명밖에 받지 않는 민간 어린이집은 아무래도 경제적인 능력에 한계가 있지 않을까 걱정스럽다.

이런 중요한 결단은 꼼꼼하게 따져봐야 한다. 하룻밤 동안 냉정하게 생각해 봤다.

역시 가끔이라고 해도 갑자기 애를 밤 10시까지 맡긴다는 건 너무 가혹하다. 그리고 매일 아이와 어린이집을 오고가는 일도 장난이 아니다. 하루에 두 번씩 자전거로 15분 거리에 있는 어린이집을 왕복하려면 총 1시간이 걸린다.

마지막 남은 문제는 만약의 경우에 보상이 제대로 되는가였다. 민간 어린이집은 보상 제도가 제대로 갖춰져 있을까? 전화로 무턱대고 물어보기는 멋쩍어서 보육 시간 전에 다카시를 데리고 찾아가 봤다.

들어서자마자 바로 질문을 하기도 그래서 "다카시를 여기서
잠깐 놀게 해도 될까요?" 하며 눈치를 살폈다.
다른 아이들이 하나둘 들어왔다. 재빨리 그림책을 읽어줬다.
아무래도 육아휴직을 한 이후로 아이들을 끌어당기는 페로몬이
분비되는 것 같다. 원장선생님 얼굴이 밝아졌다. 지금이다.
"아, 죄송합니다만 좀 물어보고 싶은 게 있는데요."
원장선생님 얼굴이 굳어졌다. 안 돼.
"저기, 혹시나 해서, 그러니까 만약의 경우가 있을 수도 있어서
물어보는 겁니다. 이 어린이집은 역사도 있고 평가도 좋으니 그럴
일은 없을 거라고 생각하지만…"
서론이 너무 길다. 원장선생님 얼굴이 점점 굳는다.
"그게, 뭐라고 하더라. 만일의 경우에 무슨 일이 생겼을 때 보험
문제는?"
원장선생님이 살짝 미소를 지으며 대답하신다.
"엄마들한테는 그런 질문을 받은 적이 없어서 저희도 특별히
따로 설명하지는 않습니다만, 어린이집 보험은 다 들어 있어요.
사고 한 건당 최고 3억 엔, 한 사람당 최고 1억 엔까지 보상을
받을 수 있습니다."
이렇게 해서 마지막 남은 걱정도 해소됐다. 결론은 가정적인
민간 어린이집에 다카시를 맡기기로.

육아휴직 1년. 이제 언제나 어디서나 아이들이 달라붙습니다.

D+350

형제 사이

"내가 안을래."

다카시가 태어난 지 3개월 됐을 무렵 겐토는 다카시에게
무척 관심을 보이기 시작했다. 사실 그전에는 집에 놓인 가구
쳐다보듯 특별한 반응이 없었다.

아이를 조심조심 안기면 사진을 찍어달라고 조르기도 했다.
다카시가 울고 있으면 "다카시 울어." 하고 쪼르르 달려온다.
집이 작으니 애 우는 소리야 내 귀에도 당연히 들렸다. 다만
다른 일을 처리하느라고(겐토가 저질러 놓은 일일 때가 많다) 바로
뛰어가지 못했는데, 그런 핑계를 댈 수는 없어 서둘러 정리하고
다카시를 안으러 달려간다. 그러면 또 다가와서 "내가 안을래."
하고 손을 내민다.

흔들의자에 다카시를 앉히면 호빵맨 인형을 가지고 와서
"호빵맨이야, 다카시." 하고 말을 걸었다. 당연히 3개월인
다카시는 거의 반응이 없다. 겐토는 그런 다카시를 보고 "아직
어려운가. 잘 모르겠니?" 하고 고개를 갸우뚱한다.

다카시를 목욕시키는 시간. 내 손은 아무래도 조금 거칠게
움직인다. 먼저 머리와 얼굴을 박박 씻기고 몸을 욕조에 담근다.
잠시 '앙'하고 울음을 터트리지만 물에 들어가면 울음을 뚝

그치고 방실방실 웃는다.

엄마 손에 자란 겐토와 에코 눈에는 이런 광경이 꽤나 난폭해 보였던 것 같다. 한 번은 겐토랑 같이 욕실에 들어가 다카시를 씻기는데 겐토가 깜짝 놀라 소리쳤다.

"그만해, 아빠 그만해. 다카시 괴롭히지 마."

아빠가 다카시를 아프게 하는 것처럼 보인 것이다. 겐토가 그렇게 필사적으로 외치는 모습은 처음 봤다.

이렇게 끝나면 한 편의 훈훈한 미담일 텐데. 하지만 형제의 세계는 그렇게 훈훈하게 끝이 날 영역이 아니다.

여름 무렵 다카시가 몸을 제대로 가누면서 겐토가 다카시를 괴롭히기 시작했다. '앙'하고 다카시가 울어서 달려가보면 겐토가 다카시 등에 올라타 있거나 머리를 팔로 조르고 있다. 예전에는 다카시를 안을 때에도 살살 조심하더니 이제는 괜찮을 거라는 판단을 내린 것 같다. 아빠의 사랑을 두고 다투는 경쟁 상대로 다카시를 인식하기 시작했는지도 모른다.

그런 겐토의 모습을 천천히 관찰해보니 마음이 동할 때는 동생을 귀여워하다가 기분이 나쁠 때는 괴롭힌다는 것을 알게 됐다. 어렸을 때 형이 이유 없이 툭툭 때리거나 이거 해라 저거 해라 잔심부름을 시켰던 일이 떠올랐다. 잠깐 기분이 복잡해졌다.

다카시도 겐토가 괴롭히는 걸 묵묵히 참고만 있지는 않았다. 돌이 얼마 남지 않았던 10월 어느 날 겐토가 열이 나 누워 있을 때였다. 다카시가 싱글벙글 웃으며 블록을 가지고 잠든 겐토 옆으로 기어갔다.

"아, 다카시!"

소리쳤을 때는 이미 늦었다.

다카시가 장난감 블록으로 겐토를 때리기 시작했다.

"이야…." 소리를 내며 진짜 기쁘다는 듯이.

요즘 겐토 때문에 스트레스가 많이 쌓였나. 같은 둘째 입장에서 형을 때려주고 싶은 마음은 백배 공감이 간다. 겐토가 조금 안쓰럽기는 했지만 상처가 날 정도는 아니니 못 본 척 고개를 돌렸다.

D+355
아이를 낳지 않는 이유

아내가 저명한 경제평론가와 함께 한 식사 자리에서 저출산 대책이 화제가 됐다고 한다.

"저출산 대책으로 거론되는 내용을 보면 '시간을 줘라', '돈을 줘라' 이런 말들인데, 시간과 돈이 생긴다고 지금 여성들이 과연 아이를 쑥쑥 낳을까요?"

경제평론가의 말이다. 저출산 대책이 의미가 없다는 말을 하고 싶은 것 같다.

"저는 애를 셋 낳았습니다. 시간과 돈만 있다면 더 낳고 싶지만 유감스럽게도 시간과 돈이 없어서 힘드네요."

아내가 이렇게 대답하자 경제평론가는 잠시 침묵하다가 "당신은 그런 말을 할 자격이 있네요." 라고 뜻 모를 소리를 하며 식사를 마쳤다고 한다.

분명 시간과 돈만의 문제는 아니다. 그러나 시간과 돈이 가장 큰 부담인 것도 사실이다. 문제는 이 경제평론가처럼 저출산 대책의 필요성마저 무시하려고 드는 경우다.

물론 시간과 돈으로 해결할 수 없는 어려움을 방치해도 좋다는 말은 아니다. 간단히 해결할 수 있는 문제가 아니니 거꾸로 장기간에 걸쳐 관심을 갖고 진지하게 고민할 필요가 있다는 얘기다.

육아휴직 중 이런저런 일로 많은 엄마들과 얘기를 나눌 기회가 있었다. 그 가운데 시간과 돈으로 해결할 수 없는 대표적인 문제는 '직장 내 분위기'였다.

"우리 회사는 여직원이 결혼이나 출산을 하면 대부분 그만둬요. 그런 와중에 주위의 차가운 시선을 받아가며 어떻게든 육아휴직하고 복직하고 죽을 둥 살 둥 일해서 겨우 지금 자리를 지켰죠. 하나 더 낳고 싶지만 그때 한 고생을 생각하면, 아휴, 엄두가 안 나요."

이런 말을 들으면 둘째 계획을 물었던 걸 후회하게 된다.

"육아휴직 마치고 복직하려 했더니 '우리 회사는 밤 12시까지 일하는 자리밖에 비어 있지 않은데 그래도 하실래요? 아니면 그만두시든지.' 인사과에서 이런 말을 하더라고요. 암담해서 고개를 푹 숙이고 있었더니 '어떻게 하실래요?' 하고 재촉을 해요."

울음을 겨우 참았다는 엄마는 이런 일이 다반사라고 말했다.

"셋째를 임신했을 땐데, 배가 꽤 불렀죠. 출산 경험이 없는 여자 선배와 복도에서 마주쳤는데, 지나가면서 '애 또 낳아? 난, 애들 정말 싫더라'며 제 배를 째려보더라고요."

그 엄마는 1년이나 지난 일을 떠올리며 분에 겨워 부르르

떨었다.

육아 경험이 있는 선배는 이해를 잘 해주느냐 하면 꼭 그렇지만도 않다.

"저는 애를 제 손으로 키우고 있어요. 일도 놓고 싶지는 않지만 퇴근 시간은 지키려고 했죠. 베이비시터를 두고 있기는 한데 아이가 잠들기 전에 겨우 얼굴 잠깐 보는 그런 생활을 하고 싶지 않거든요."

지극히 인간적인 욕구다. 이런 그녀에 대해 상사는 다음과 같은 주의를 주었다고 한다.

"프로의 세계에서 살아남고 싶다면 9시 출근, 5시 퇴근으론 어림도 없어. 사람 써서 돈으로 해결해야지. 나는 그렇게 해서 이 자리까지 왔어. 요즘 애들은 너무 약해빠졌다니깐."

사람을 쓰는 돈이 아까워서 일찍 퇴근하려는 게 아니다. 내 손으로 아이를 키우고 싶다는 욕구를 직장의 논리는 이해하지 못한다.

"처음에는 그 상사, 맞벌이 부부인 데다가 애 둘을 키운다고 들어서 워킹맘 처지를 이해해줄 줄 알았어요. 하지만 알고 봤더니 어떻게든 남자들의 세계에서 살아남기 위해 기를 쓰며 일했더라고요. 아이도 일하는 아줌마가 다 키웠나 봐요. 저보고도 그렇게 하라고 요구하는 거죠."

시대는 변했다. 남성중심 사회의 질서를 깨뜨리지 않으려고 육아와 생활을 철저히 희생시키는 것은 낡은 방식이다. 우리 세대 맞벌이 부부는 여자든 남자든 일과 육아 모두 당당하게 책임지고 싶다.

어린이집 적응 훈련

10월 18일, 다카시가 드디어 돌이 됐다. 왠지 실감이 안 났다. 어깨 짐을 좀 내려놓아도 되겠다든지, 이제껏 수고했다며 한숨을 돌릴 겨를은 없다. 복직이 코앞이라 지금까지의 수고를 칭찬할 마음보다는 앞으로 일과 육아를 어떻게 감당해야 할지 불안감이 더 컸다.

돌을 맞은 다카시의 체중은 이제 10킬로그램이다. 요즘엔 정말 잘 돌아다닌다. 기저귀를 갈 때에도 가만히 있는 경우가 좀처럼 없다.

식욕도 왕성하다. 쌍둥이 형 누나가 밥을 먹고 있으면 식탁을 붙잡고 서서 그릇에 놓인 비엔나소시지로 손을 뻗는다. 다카시 얼굴을 보면 입 안 가득 비엔나소시지를 물고 있다. 귀엽다고 느긋하게 말하고 있을 때가 아니다.

감정 표현도 제법 분명해졌다. 〈고기잡이〉라는 노래를 부르며 노 젖는 시늉을 하면 다카시는 꺅꺅 소리를 지르며 좋아한다. 다카시를 두고 잠시 방에서 나가려고 하면 엄청난 속도로 기어서 쫓아온다. 아빠가 보이지 않는 상황을 불안해 하는 것 같다. 흔히 이야기하는 분리불안이다.

어쨌든 2.78킬로그램으로 태어났던 갓난아기가 이렇게 건강하게 자라줘서 다행이다. 바라만 봐도 흐뭇해지는 기분이다.
지난 일 년 동안 쑥쑥 자란 것은 다카시만이 아니다. 에코와
겐토의 성장도 눈부시다.
1년 전에는 손을 잡아주지 않으면 어린이집 계단도 오르지
못했다. 미끄럼틀도 혼자 못 타고, 유모차를 타고 내리는 일도
못했다. 그러던 아이들이 지금은 집에서 나가면 쏜살같이
뛰어가고, 혼자서 엘리베이터 버튼을 누른다. 손잡고 가자고
아무리 불러도 좀처럼 말을 듣지 않는다.
신체적인 성장보다 더 놀라운 것은 언어능력의 향상이다.
일 년 전만 해도 짧은 단어를 한 단어, 두 단어 내뱉는 정도이던
아이들이 지금은 웬만한 동요는 둘이서 합창한다.
두 아이의 다툼도 질이 달라졌다. 1년 전에는 장난감을 두고
다퉜는데, 지금은 다툼이 생기기 전에 서로 대화를 통해서
분쟁을 방지한다. 심지어 또박또박 말싸움을 하는 경우도
생겼다.
"겐토 바보, 바보 삐악이, 바보 멍멍이"
에코가 헝겊인형 이름을 대며 겐토를 바보라고 놀리면
"나 바보 아냐. 에코 바보!"
겐토가 대거리를 한다.
서로 말로 싸우게 되리라고는 1년 전에는 상상도 못했다.

이제 두 아이 모두 하고 싶은 말을 산더미처럼 쌓아놓고 있다. 어린이집에서 돌아오자마자 아빠에게 달려와 속사포처럼 말을 쏟아낸다.

"아빠, 있잖아…."

당연히 무슨 말을 하는지 제대로 알아듣지 못한다. 동시에 열 사람이 하는 말을 다 알아들을 수 있었다는 동화 속 임금님은 아마 자식이 엄청 많지 않았을까?

"내가 말하고 있잖아."

"내가 먼저 말했어."

그 사이에 무슨 말을 하려 했는지는 잊어버리고 또 다투기 시작한다.

어린이집 친구들하고도 꽤 대화가 된다.

"고양이 놀이터에서 기다려."

"응, 알았어. 빨리 와."

서로 집에 가는 시간이 맞지 않을 때면 겐토와 린타로는 자기들 멋대로 만날 약속을 한다. 집에 가는 길에 있는 길고양이가 모이는 공원을 말하나 보다. 이제 좀 컸다고 자기들끼리 약속을 정하는 모습이 신기하고 대견하다.

생일 다음 날부터 다카시는 어린이집 적응 훈련을 시작했다. 첫날은 우선 한 시간.

"어떤 아이든 부모랑 떨어지면 처음에는 많이 울어요."
어린이집 선생님이 설명했다. 조심조심 어린이집 문을 닫았다.
걱정이 되어서 창문으로 엿봤지만 다카시는 아무렇지 않은
얼굴로 앉아 있다. 울 기미조차 안 보인다. 다카시가 대범한
걸까. 아니면 아빠가 키워서 무던한 걸까.
한 시간 후에 데리러 갔다.
"다카시, 괜찮아요? 울진 않았나요?"
"아니요, 전혀요. 순한 아이네요."
역시 다카시는 다른 애들이랑 뭔가 다르군, 하고 생각한 순간
"으앙." 하고 울기 시작한다. 아빠 얼굴을 보자 안심이 되어
긴장이 풀린 것이다.
다카시도 역시 아빠가 보고 싶었던 거야. 힘내, 다카시.
살다 보면 힘든 일이 많을 거야. 그 벽을 뛰어넘으며 커가는
거란다.

D+370

육아아빠의 고민 ⑫
남녀 육아기회 균등법

이제 곧 육아휴직이 끝난다. 1년동안 참 다양한 경험과 많은 생각을 할 수 있었다. 그 경험을 토대로 저출산 대책을 위한 제언을 하려 한다.

앞에서도 얘기했지만 빠르고 효과적인 저출산 대책을 위해서는 적절한 예산 편성이 반드시 필요하다. 고령자를 위한 예산과 저출산 관련 예산 사이의 불균형은 이미 많은 전문가들이 지적하는 바이다. 그렇다고 당장 양육수당을 늘리라는 얘기는 아니다. 지금 아동수당 제도에는 여러 가지 문제가 있다.

첫째, 금액이다. 월 13,000엔(약 15만 원)은 결코 안심하고 아이를 기를 수 있는 금액이 아니다. 물론 지급 기간이 길고(15세가 되는 해의 3월까지) 출산시 출산육아일시금 42만 엔(약 450만 원)을 지급하지만 여러모로 아쉬운 부분이다.

둘째, 소득에 따른 제한이다. 부잣집이든 가난한 집이든 아이들은 모두 평등하다. 일정액의 수당은 경제적으로 곤란한 집일수록 육아에 큰 도움이 된다. 하지만 수입에 상관없이 '아이를 낳고 싶은 마음'이 들게 하려면 적어도 소득에 따른 제한만큼은 없애야 한다.

아동수당 같은 국가의 예산 지출을 늘리기보다는 (아니 거기에 더해) 세금을 활용하는 방법을 권하고 싶다. 예를 들어 부양 공제나 의료비 공제처럼 과세 소득에서 실제 육아 비용을 공제하는 방법이다. 보육료라든지 베이비시터 비용은 물론 학교 교육, 학원비 등 교육비용까지 육아를 가중시키는 각종 비용을 검토해보면 좋겠다.

이 또한 결과적으로는 국가 재정을 압박한다는 의미에서 예산 퍼주기와 같지 않느냐는 의견이 있을 수 있다. 하지만 예산 지출을 늘리는 것과 과세를 줄이는 것은 다른 문제다.

첫째, 수당으로 예산을 지출하는 것과 비교해 보면 소득공제로 인한 감세는 '큰 정부'를 지향하지 않는다.

둘째, 실제로 육아에 쓴 비용을 공제하기 때문에 국가의 예산이 분명하게 저출산 대책에 쓰이게 된다. 다른 비용으로 악용될 소지가 없다.

셋째, 납세의 의무를 제대로 이행하고 있는 사람에게 혜택이 돌아간다.

넷째, 아이가 없는 부부나 독신도 충분히 양해할 수 있다.

아이를 낳지 않는 세대에게 '저출산 세금'이라는 징벌적 조치를 취하자는 극단적인 주장을 펴는 사람도 있다. 징벌적 조치는 지나치지만 아이를 낳은 가구와 그렇지 않은 가구에 돌아가는 혜택이 똑같다면 그 어떤 저출산 대책도 효과가 없을 것이다. 소비세도 육아를 지원하는 차원에서 검토해 볼 수 있다. 출산비용부터 시작해 임신, 신생아 검진 비용, 유아복과 완구 구입 비용까지 출산과 육아 관련 모든 비용을 소비세 대상에서 제외시키는 방법은 어떨까?

한편 지금의 보육정책에도 문제가 있다. 국공립 어린이집 대기 아동이 줄지 않는 현상은 국가나 지자체 등 공적 주체가 중심이 된 보육 서비스의 한계를 보여주는 것일지도 모른다.

전업주부든 맞벌이든 모두 육아 지원을 필요로 한다. 아이를 돌볼 여력이 없는 가구에 한정해 수준 높은 국공립 어린이집 등원을 허용하는 지금의 보육제도는 전업주부 가정을 대상에서 제외시키고 있다. 이는 실제적인 보육 지원이라고 보기 어렵다. 어린이집 이용자는 풀타임 맞벌이부터 육아에서 잠시 숨 돌리려고 시간제 근무를 하는 사람까지 다양하다. 일을 하고 싶어서 어린이집에 맡기는 것이 아니라 어린이집에 애를 맡기고 싶어서 시간제로 일을 한다는 사람까지 등장했다. 그런 사람에게까지 어린이집에서 풀타임으로 아이를 돌봐줄 필요는 없다.

육아도 노인 돌봄 서비스(우리나라에서도 65세 이상 전국가구 평균소득의 150% 이하에 해당하는 노인들에게 월 최대 12일 36시간의 가사활동 지원 및 주간

보호 서비스를 제공하는 '노인돌봄종합서비스' 제도를 시행하고 있다.-옮긴이))와 마찬가지로 각 가정에만 맡길 것이 아니라 사회 전체에서 함께 고민하는 시대로 바뀌고 있다. 국공립 어린이집과 민간 어린이집 중 하나를 택하는 '모 아니면 도'가 아니라 부모의 다양한 일자리 형태에 맞춰 보육서비스 제공자와 제공 방식도 다양해야 할 것이다. 지금의 국공립 어린이집 운영은 이런 새로운 변화를 따라가지 못하고 있다.

다음으로 다자녀 가구에 맞춘 세밀한 정책이 요구된다. 아이가 하나일 때와 둘, 셋일 때의 장벽은 질적으로 다르다. 대책도 자연히 달라져야 한다.

우리 부부도 10년 이상 아이 없이 즐겁게 생활했다. 그래서 아이를 낳고 기르는 일이 얼마나 부부의 생활을 희생해야 하는지 잘 안다. 실제로 아이를 원하지 않는 부부도 있다. 이런 사람들에게 무조건 아이를 갖도록 심리적으로 강제하는 사회는 성숙한 사회라고 볼 수 없다.

한편 아이를 원하지만 생기지 않는 부부도 있다. 이들이야말로 저출산 대책의 가장 중요한 대상이다. 현재 불임 시술은 건강보험 대상이 아니다(현재 한국에서는 만 44세 이하 여성에 한해, 전국가구 월평균소득의 150% 이하인 부부는 인공수정 시술비를 1회에 최대 50만원씩 3회까지 지원한다. 시험관 시술의 경우 1회 180만 원씩 최대 4회 지원받을 수 있다.-옮긴이). 정말 이해가 안 되는 일이다. 시험관 시술이라도 하게 되면 1회 40만 엔(약 420만 원) 정도가 든다. 불임 관련 병원비도 보험 적용을 인정해야 한다.

아이가 둘 이상인 경우는 어떨까. 앞서 말한 것처럼 아이 키우는 재미에 쏙 빠지게 되면 둘째, 셋째도 갖고 싶은 마음이 저절로 든다. 실제로 아이가 있는 가구 수는 점점 줄어들고 있지만 아이가 있는 가구의 경우, 아동 수가 2명인 가구의 비율이 50% 전후에서 오랜 기간 거의 변동이 없다.

둘째, 셋째를 생각할 때 가장 큰 제약은 앞에서도 소개한 시간과 돈이다. 이는 전업주부 가정이든 맞벌이 가정이든 마찬가지다.

둘째, 셋째가 생기면서 맞닥뜨리는 첫 장애물은 아무래도 주택문제이다. 실제 수도권의 경우 가구당 아이 수가 꾸준히 줄고 있다. 거시적으로 봤을 때 저출산 문제를 풀기 위해서는 아이가 있는 가정이 둘째, 셋째를 낳도록 권장하는 쪽이 더 쉽다.

주택 정책을 연구하는 기관에도 다자녀 가구를 위한 주택 건설, 다자녀 가구 우선 입주, 아이 수 증가에 따른 아파트 매매, 임대 자금의 이자 지원 등을 부탁하고 싶다. 주택 정책을 수립할 때에도 저출산 문제 해결을 도울 수 있는 방법이 없을지 함께 고민해 주었으면 한다.

마지막으로 직장 내 의식 변화가 필요하다. 전후 일본 사회는 아내는 집에서 남편을 내조하고 남자가 밖으로 나가 일하는 것을 당연시했다. 남자만 일하는 사회에서 당연히 일본 남성은 엄청난 노동량에 쫓겼다. 그것은 국가별 노동시간을 비교해 봐도 알 수 있다. 이런 배경을 무시하고 이제 여성에게도 균등한 기회를 주겠다고 한다면 남성 중에는 얼굴을 찌푸릴 사람이 많을 것이다. 그러나 자세히 들여다보면 여성은 아이와 가정을 포기하고 남자와 대등하게 어깨를 겨뤄나갈지, 현행 제도의 굴레 안에서 불안정한 저임금 노동자라는 위험 요소를 안고 일할지 선택해야 하는 갈림길에 내몰리고 있다.

요점은 저출산 문제의 밑바닥에는 사회의 남녀차별이 있다는 것이다. 바꿔 말하면 오랜 시간에 걸쳐 고착된 일본 사회의 성차별의 결과가 저출산 문제이다. 여성의 집안일이나 육아 부담을 그대로 두고 여성의 사회진출이 저출산의 원인이라고 주장하거나, 여성에게만 책임을 몰아붙여서는 저출산 문제를 해결하기 힘들다.

요즘 우리 사회에는 육아를 하고 싶어 하는 아빠가 늘고 있다. 하지만 사회 분위기, 직장 내 분위기 때문에 포기하는 사람이 많다. 이런 사회를 바꾸기 위해 남녀고용기회평등법처럼 남녀육아기회평등법을 만들면 어떨까. 남성(이들과 어깨를 겨누며 일하는 여성도 포함해)의 직장에서의 과잉 노동을 가정에서의 육아 시간으로 바꾸는 것이다. '아빠들이여, 집으로 돌아가자'는 얘기다. 야근을 안 하고 일찍 퇴근해봐야 집에는 자기가 있을 곳이 없다고 말하는 남자들이 종종 있다. 이미 아빠가 없는 상황이 익숙한 가정이 만들어졌기 때문이다. 또 퇴직 후 남자가 집, 지역사회, 그 어디에도 섞이지 못하고 겉돌게 되는 문제도 직장에만 매달려 자신을 불태웠던 데서 오는 부작용이라고 할 수 있다.

우선은 자녀를 둔 아빠들의 육아 기회를 늘리는 일부터 시작해 보자. 남성의 육아휴직에 지원금을 준다든가 남성의 육아휴직을 일부 의무화하는 방식으로 사회가 남성의 육아를 응원하고 있다는 강한 메시지를 전달하자.

저출산 대책의 필요성을 주장하는 소리는 높지만 남성의 육아 시간 확보를 위한 대책은 너무도 부족하다.

겉으로는 남녀평등사회라는 이념을 부정하지 않지만 마음 속으로는 '애 키우는 일은 귀찮아', '애는 엄마가 봐야지'라고 생각하는 남성이 많다. 그런 남성들은 '남성과 여성의 특성에 맞는 역할 분담'이라는 거창한 말로 포장하며 육아에서 도망치려 한다. 한편 직장은 이런 남성들에게 '직장 내 분위기',

'상사의 몰이해'라는 핑계거리를 제공하고 있다.

이렇게 가정과 직장에서 남녀의 고정적인 역할을 유지하려는 의식이 은연 중에 작동하고, 남성의 육아를 사실상 부정하는 분위기가 계속된다면 아이 갖기를 주저하는 가정이 계속 늘어날 수밖에 없다.

이밖에도 하고 싶은 말도 많고 해야 할 일도 산더미다. 아마 오랜 시간이 걸리겠지만 우리의 미래를 위해 반드시 변화가 필요하다.

D+380
육아휴직이 끝났습니다

편안한 차림으로 어린이집에 가는 것도 오늘이 마지막이다.
"드디어 내일 복직이네요."
원장선생님이 말을 건넨다.
"벌써 그렇게 됐네요. 아쉽습니다. 복직하고 나면 육아휴직 초반에 헤맸던 것과는 정반대의 문화에 차이를 느낄 것 같아요."
"하지만 회사는 쭉 해오던 일이잖아요. 육아는 처음 하는 일이라서 서툴렀던 거고요. 회사 일은 금방 익숙해지실 거예요."
"그렇겠죠. 일 시작하면 지난 1년 동안 아이들과 쌓은 관계가 다시 도루묵이 될까봐 걱정이에요."
"안 그래요. 아이들과 한번 만든 관계는 그렇게 쉽게 무너지지 않아요."
그렇다면 다행이다. 아니, 그러지 말아야 한다. 모처럼 지난 1년간 차곡차곡 쌓아온 관계가 안개처럼 사라져 버린다면 무척 허무할 것이다.
아이들에게는 기회가 될 때마다 아빠는 이제 다시 출근해야 한다고 이야기를 했다. 그랬더니 아이들 사이에서 '아빠 우선권' 현상이 나타났다.

"싫어, 아빠가 좋아. 아빠랑 할래."

에코는 무엇이든 아빠와 같이 하겠다며 응석을 부렸다. 아무리 아빠랑 헤어지기 싫다고 해도 요충 검사를 아빠한테 해달라고 조르는 여자아이는 흔치 않을 것이다.

드디어 복직 당일 아침. 상황을 다 알고 있어서 그런지 아이들은 놀랄 정도로 협조적이었다. 아빠가 양복으로 갈아입자 에코가 한마디 한다.

"다녀오세요. 안녕."

"아니야, 에코. 어린이집 데려다 주는 건 앞으로도 아빠가 할 거야. 엄마는 다카시 데려다 주고. 자, 아빠랑 같이 나가자."

"빨리, 녹화 눌러놔야 돼."

겐토가 재촉한다. 아침 시간이 바쁘니 아침에 보던 텔레비전 프로그램은 비디오로 녹화해두기로 했다.

"빠빠빠빠!" 다카시가 엄청난 속도로 현관까지 기어와 배웅해준다.

어린이집에 도착한 후에도 에코와 겐토는 평소처럼 "아빠, 안녕." 하고 인사를 한다. 조금 맥이 빠진다. 육아휴직이 끝나도 아이들 입장에선 당장 바뀌는 게 없다. 오늘도 또 새로운 하루가 시작될 뿐이다. 애 키우는 일이 끝나는 것도 아니다. 다만 일터로 돌아가는 것일 뿐이다.

앞으로 아빠와 아이들의 관계가 무너진다면 그것은 전적으로 아빠의 책임이다. 아이들은 평소와 똑같을 테니까.

육아휴직은 끝났지만 육아는 끝나지 않았습니다.

마치며

복직하고 한 달이 지났다. 원장선생님 예언대로 직장에는 놀랄 정도로 빠르게 적응했다. 그리고 계획대로 일주일에 두 번씩 정시에 퇴근해 쌍둥이를 데리러 간다.
복직 후 처음 애들을 데리러 간 날, 어린이집 앞에 도착한 나를 보고 쌍둥이가 소리쳤다.
"엄마가 좋아, 엄마."
순간 눈앞이 깜깜해졌다. 하지만 아빠의 동요를 눈치챘는지 에코가 옆으로 다가와 살포시 안기며 말했다.
"아빠, 사랑해."
다행이다. 우리의 관계는 아직 끊어진 게 아니다.
육아는 매일매일 가슴 벅찬 감동과 새로운 발견의 연속이다. 그동안 이런 즐거움을 남자들은 멀리 해왔다. 바라건대 더 많은 남자들이 아이를 키우는 기쁨과 즐거움을 맛봤으면 한다. 그리고 이 책이 계기가 되어 육아 아빠를 바라보는 세상의 시선이 좀 더 따뜻해지기를 바란다.
아이를 키우며 외로움과 당혹감에 힘들었던 적도 많았다. 그 모든 시간을 고스란히 이 책에 담을 수 있었던 것은 에코, 겐토, 다카시 그리고 아내 요코 덕분이다. 또 이 책이 완성되기까지 지켜봐주고 격려해준 『일본경제신문』의 노자와 씨를 비롯한 많은 분들께 진심으로 감사 드린다.

2005년 12월
야마다 마사토

후기. 육아휴직 이후의 달라진 삶

육아휴직을 마치고 복직한 지 4년이 지났다. 그사이 에코와 젠토는 초등학교에 입학했고 다카시는 다섯 살이 됐다. 가장 큰 변화는 올해 봄(2009년)에 에코와 젠토의 초등학교 입학을 계기로 아내의 친정집을 리모델링해 이사한 것이다. 우리 집 다섯 식구와 친정 부모님 두 식구의 동거, 이른바 친정살이가 시작된 셈이다.

현관은 두 개로 나뉘어져 있지만, 안에서는 문 하나만 열면 두 집이 이어진다. 리모델링 설계가 완성될 무렵, 안에서 두 집이 연결되는 구조를 걱정하던 나에게 "평소엔 잠궈 놓을 거야." 하고 아내가 장담했지만 초등학교 1학년 쌍둥이와 다섯 살 다카시에게 그런 분별이 있을 리 없다.

아이들은 1층 부모님 공간과 2층 우리 집 공간을 하루 종일 오르락내리락 뛰어다닌다. 내가 아는 한, 문은 한번도 잠긴 적이 없다. 문이 열려 있는 정도라면 다행이다. 문제는 아이들의 의식이다.

"우리 집은 일곱 식구야."

아마도 수업 시간에 가족의 수를 묻는 내용이 있었던 것 같다.

"젠토, 그건 아니야. 한 지붕 아래 있지만 1층과 2층은 각각 다른 집이야. 주인도 각각 다르고. 우리 집은 다섯 식구야."
말은 이렇게 하지만 애들한테는 통하지 않는다. 아니, 말하는
나 자신도 잘 모르겠다.
에코는 더 심하다. 평소에는 사리분별이 또렷한 아이인데 가끔
고집을 부릴 때면 도통 말이 통하지 않는다.
"에코, 이제 그만해. 그렇게 네 멋대로 굴면 안 돼!"
버럭 소리를 질렀다.
"아니야. 여기는 할아버지 집이란 말이야. 아빠 집 아니잖아.
아빠는 그런 말 할 자격 없어."
아니, 언제부터 이렇게 말을 잘했지? 초등학교 1학년 여자아이의
논변에 감탄하고 있을 때가 아닌데, 야단칠 마음이 사라졌다.
"있잖아, 에코. 아빠는 2층을 할아버지한테 빌렸고 돈도 냈어.
그러니까 아빠는 2층을 쓸 권리가 있어."
전세권을 설명하는 사이 에코는 문을 열고 1층으로 조르르
내려갔다.
그리고 다카시. 한 명이 안 보인다 싶어서 보면 다카시는 매일
멋대로 1층에 내려가 있다.
"할아버지, 똥 닦아줘."
다섯 살 아이는 할아버지 할머니를 대하는 데 초등학교 1학년
쌍둥이보다 더 거침없다. 장인어른도 여든이 넘어서까지 손주

엉덩이를 닦을 줄은 생각도 못 하셨겠지.

다카시는 육아휴직을 하고 내가 직접 키운 아이다. 이 아이가 커서 불량 청소년이 된다면 "봐라. 아빠가 키우니까 티가 나지." 라는 말을 듣게 될지도 모른다. 다행히 지금까지 그런 징조는 안 보인다. 정서적으로 안정되어 있고 자립심, 독립심 강한 아이로 잘 자라고 있다.

"힘들지 않아? 친정 부모님이랑 같이 사는 거."

친한 선배가 묻는다. 하지만 이렇게 묻는 사람은 매우 드물다.

"그래? 장인어른, 장모님도 좋아하시겠네."

"요즘같이 각박한 세상에 삼대가 같이 모여 살다니 참 훈훈한 이야기예요."

사람들은 대부분 이렇게 말한다.

친정 부모님과의 동거. 분명 처음에는 부담이 됐고 층간 소음도 꽤 신경이 쓰였다. 아마 장인어른과 장모님도 나와 같은 생각을 했을 것이다. 하지만 그런 일은 어떤 면에선 아무 문제가 되지 않았다. 아내와 아이들이 마음 편하게 지낼 수 있는 환경이 갖춰지고 나니 그밖의 일은 문제가 되지 않았다.

아이들은 학교가 끝나면 방과후교실로 갔다.

"쌍둥이가 학교 들어갔으니 이제 한고비 넘겼네."

이런 말을 하는 사람은 육아를 제대로 모르는 사람이다.

물리적인 측면에서 보면 아이들이 한 살 한 살 커갈수록 손이 덜 가는 것은 맞다. 하지만 이와는 반비례로 정신적인 의미에서 아이들과 진지하게 마주하지 않으면 안 되는 일이 늘어난다.
"○○이 나보고 바보래, 저리 가라고 했어."
겐토가 울면서 말한다. 어른이 보기엔 아무 일도 아닌데 아이는 마음의 상처를 받았다. 천천히 아이와 얼굴을 맞대고 얘기할 시간이 없으면 아이는 마음의 문을 닫고 입을 다물게 될 지도 모른다.
방과후교실을 마치는 시간은 오후 6시이다. 우리 부부가 데리러 갈 수 있는 시간이 아니다. 여러 가지 방법을 생각해봤다. 결국 친정집을 2세대 주택으로 개축해 부모님과 함께 사는 방법이 낙점됐다. 그나마 우리 부부에게는 친정과 동거라는 선택지가 있어서 다행이었다. 실제로 아내와 아이들이 모두 할아버지 할머니와 함께 사는 걸 좋아했고, 그들이 만족해하는 모습을 보면서 나 또한 편해졌다.
물론 동거하기 전, 우리 부부가 부모님에게 의존하지 않고 스스로 아이를 키웠다는 점도 장인어른, 장모님의 동의를 얻는 데 큰 도움이 되었다. 장인어른은 아이는 부모의 손으로 직접 키운다는 우리 부부의 육아관을 잘 아셨고, 동거를 해도 전적으로 손주들을 떠맡게 될 거라는 걱정이 없으셨다.

우리 부부도 아이는 부모가 함께 키운다는 분명한 철학을 바탕으로 동거를 결정했고, 우리 방침을 부모님이 존중해 주실 거라는 믿음이 있었다.

지금 한 지붕 아래 일곱 식구가 모였다. 아이들이 성장해 가는 한편 아내의 부모님, 그리고 우리 부부도 한 살 한 살 나이 들어간다. 아이들이 할아버지, 할머니가 나이 드는 모습을 기억할 수 있다는 것도 그들의 인생에 큰 의미가 있을 것이다. 그리고 장인어른, 장모님도 이 시끌벅적한 손주들과의 하루하루가 행복한 나날이었으면 한다.

친정집으로 이사하면서 지금까지 살던 지역을 벗어나 새로운 곳으로 옮겨 왔다. 어린이집 친구 한 명 없는 낯선 초등학교에서 새 친구들을 잘 사귈 수 있을까. 가깝게 지내던 어린이집 엄마 아빠들과 헤어지고 새로운 지역에서 육아의 어려움을 나눌 새 육아 동기를 사귈 수 있을까. 이런 불안은 시간이 해결해 주었다. 방과후교실, 겐토의 축구팀, 어린이회관의 각종 행사, 마을 행사 등 주말만 되면 애들이고 어른이고 정신없이 바쁘다. 거기에 더해 주말마다 전에 살던 지역에서 친해진 가족들과 놀러가는 일도 많아서 아이를 통해 알게 된 만남은 점차 늘어났다.

이쯤에서 주제를 바꾸자.

이 책이 단행본으로 출간된 것은 일본이 인구감소사회로

들어선 2006년과 딱 겹친다. 덕분에 텔레비전, 신문, 잡지 등 많은 곳에서 다루어졌고 전국 각지에서 강연 의뢰도 쏟아졌다. 그때부터 저출산, 일과 가정의 균형이라는 사회적 과제에 대한 대책을 진지하게 논의하기 시작했고, 육아를 둘러싼 사회의 의식도 지난 몇 년 사이에 극적으로 바뀌었다. 길거리에서도 아빠들이 아기띠를 한 모습을 쉽게 볼 수 있게 되었다.

실제로 남자들이 육아휴직을 하는 경우가 종종 생겨났다. 내가 근무하는 경제산업성에도 육아휴직을 신청한 후배가 있다.

"육아휴직하고 복직하면 승진 코스에서 멀어지는 거 아냐?"

많은 친구들이 복직 후 나의 진로를 걱정스럽게 바라봤다. 승진은 일에 대한 성적표이다. 승진이 인생의 성공 여부를 가늠한다고 보지는 않지만 사회생활을 하는 이상 일에 열정을 쏟는 사람이라면 승진을 의식하지 않을 수 없다. 나 또한 내 실력을 정당하게 평가받고 싶다.

복직 전에는 이래저래 신경이 쓰였지만 복직 후에는 다행히(내 귀에만 그런 얘기가 안 들린 것일지도 모르지만) 육아휴직 경력을 부정적으로 평가하는 소리를 들은 적이 없다. 인사상 불이익을 받은 기억도 없다.

복직 후 배치된 부서에서도 처음에는 일과 가정의 균형을 취할 수 있는 무난한 업무를 맡다가 아이들이 커가면서 점점 책임이 큰 자리로 올라갔다.

정치권에서도 육아 지원이 최우선 과제로 떠올랐다. 지금까지는 선거에서 아동수당 같은 육아 지원책이 공약의 중심으로 다뤄진 적이 없다. 옛날처럼 '육아는 엄마의 일'이라든지 '요즘 젊은 엄마는 인내심이 없어'라든지 저출산의 책임을 여성에게 몰아붙이는 논의도 표면상으로는 사라졌다. 드디어 육아는 사회 전체가 함께 풀어나갈 과제라는 인식이 널리 퍼졌다.

아동수당에 관해서는 다양한 의견이 있다. 개인적으로는 모처럼 나온 수당이 아빠의 술값으로 쓰이지 않도록 용도를 한정한 쿠폰(상품권처럼)을 주는 것이 적절하다고 생각하지만(그렇게 하면 앞에서 제안한 소득공제와 동일한 효과가 있다), 그런 것은 앞으로 국가에서 다양한 각도로 논의한 후 정할 문제이다. 어찌됐든 저출산 대책에 국가 예산을 집행하도록 국민이 선택했다는 사실이 무엇보다 획기적인 변화라고 생각한다.

하지만 더 중요한 것은 아동수당으로 저출산 대책이 끝나선 안 된다는 것이다. 아이들을 위한 충분한 경제적 지원뿐만 아니라 효과적인 육아 지원 서비스가 반드시 필요하다.

금융위기 이후 불경기의 정점을 찍으며 어린이집 대기 아동 수는 전국에서 2만 5,000명으로 급증했다(2009년 4월). 위기가 코앞에 닥쳤다. 국공립, 민간을 떠나서 보육 도우미 형식이나 전업주부를 위한 시간제 보육 등 국가의 일률적인 기준이 아닌 지역과 각 가구의 상황에 맞는 다양한 육아 지원 서비스를 확충하고, 지자체의 재정 능력 격차가 지역 간 육아 지원 격차로 이어지지 않도록 국가가 다양한 서비스를 뒷받침할 필요가 있다.
육아 문제는 비단 육아 지원책에 한정해서 풀 수 있는 문제가 아니다. 노동정책도 함께 개선해야 한다. 무엇보다도 일과 육아의 양립이 가능한 노동환경을 만들어야 한다. 엄마와 마찬가지로 아빠도 육아에 동참할 수 있도록 영유아 자녀를 둔 아빠의 장시간 노동 금지, 야근 금지, 시간외 근로의 상한 법정화 등 손봐야 할 제도들이 쌓여 있다. 노동환경의 성차별이 없고, 정규직·비정규직 사이의 엄청난 격차가 줄어드는 형태로 변해가기를 바란다.
그리고 궁극적으로는 각각의 가정에서 모든 일에 '남녀 평등', '남녀 공동참여'를 실천하는 것이 가장 중요하다.
현모양처라는 전통적인 가치관을 몸에 익힌 여성이 '남편은 밖에서 일을 하니까'라며 집안일과 육아의 책임을 혼자서 떠안으려는 사례를 종종 접한다.
이런 모습은 한 가정이라는 단위에서 보면 훈훈한 미담일지 모른다. 하지만 남편의 가사 책임, 육아 책임을 모두 아내에게 전가한다면, 여성은 지역과의 연계가 없는 이상 둘 이상의 아이를 키우기는 힘들다. 둘째를 원하지 않는 이유가 첫째 아이의 육아 경험이 부정적이기 때문이라는 연구 결과도 있다(시카고 대학교 야마구치 가즈오 교수의 연구). 혼자서 가사와 육아를 떠맡아 힘들었다는 부정적인 경험이 쌓여 사회 전체적으로 저출산이 진행된다면 이는 단순히 미담으로 그치지 않는다.
'당신은 밖에서 열심히 일하십시오.' 남편에 대한 이런 아내의 태도가 남편의 집안일과 육아 책임을 면제시키고, 집안일과 육아를 떠맡은 여성의 사회 진출 기회를 박탈한다(동시에 남성은 가정을 부양할 책임을 혼자서 떠맡게 되어 결과적으로 과로로 이어진다).
남편도 아내도 가족의 구성원으로 집안일을 책임지고 부모의 한 사람으로서 육아를 책임져야 한다. 당연한 책임을 각 가정에서 충실히 이행하는 모습이 자연스러운 사회가 된다면 저출산 문제는 해결될 것이다.
다음 세대를 위해 해야 할 일이 너무도 많다. 이 책을 계기로 많은 독자들이 육아 지원에 대한 생각을 공유하고 한 사람 한 사람이 각자의 위치에서 세상이 육아에 따뜻한 시선을 보내는 사회가 되도록 노력했으면 한다.

2009년 11월
야마다 마사토

옮긴이의 말

아빠의 육아휴직이라고 뭐 별다른 게 있을까 싶었다.
아이를 키우기 위해 1년간 육아휴직을 했을 때의 일을 떠올려
봤다. 처음 접해보는 '엄마' 역할이 두렵고 막막해 힘들어 했던
기억, 사회와 격리된 데에서 오는 고독감과 소외감에 불안해
했던 기억, 그러면서도 한 생명체를 온전히 내 손으로 키워내는
뿌듯함에 휩싸였던 기억 등이 떠오른다. 아빠든 엄마든 육아를
떠맡은 사람은 다 비슷비슷한 경험을 하고 생각을 하지 않을까.
하지만 달랐다. 아빠의 육아휴직 세계에는 엄마들은 모르는
또 다른 고통이 있었다. 셋째 아이를 키우기 위해 육아휴직을
선택한 야마다 씨. 1년간의 육아휴직은 그를 육아형 인간으로
탈바꿈시켰고, 그런 아빠의 눈에 비친 사회에는 엄마의
눈에는 보이지 않는 또 다른 육아 장벽이 있었다. 야마다 씨는
엄마 위주로 짜인 육아 시스템을 날카롭게 지적한다. 아빠의
육아휴직을 권장하면서도 그런 의식 수준에 미치지 못하고
있는 사회 현실을 일상에서 부딪치는 소소한 일들을 통해
보여준다. 어린이집, 소아과, 마트 등 아이를 데리고 가는 어떤
곳이든 아빠의 존재를 편안히 받아들여주는 곳이 없고 왜
엄마가 아니고 아빠가 왔는지를 묻는다. 그만큼 아빠와 육아는

물과 기름처럼 함께 섞일 수 없는 개념으로 우리 의식 속에 깊이 뿌리 박혀 있음을 야마다 씨는 위트 넘치는 글로 꼬집고 있다. 사소한 부분일 수도 있지만 엄마들은 미처 깨닫지 못하는, 육아를 엄마의 사유물로 고착화 시켜놓은 사회 곳곳의 시스템과 시선을 지적하는 글들에 허를 찔리듯 적잖이 놀랐다. 그리고 육아를 엄마의 일로 고정시키는 사회 인식이 바뀌지 않는 한 저출산 문제는 해결될 수 없음을 새삼 절감했다.

야마다 씨는 육아휴직 1년이 참 행복했다 한다. 지금껏 살아온 인생과는 참으로 다른 인생이었다고! 그리고 그런 삶을 그냥 과거의 추억으로 묻어버리기는 싫다고 말한다. 한 생명을 온전히 마주해 돌본 경험, 자신의 모든 시간과 마음을 쏟아본 경험은 그 어떤 것보다 값진 경험이라며 아빠들에게 절대 이런 기회를 놓치지 말라고 한다. 동감이다! 지금까지의 나와는 또 다른 나와 만나는 새로운 삶의 경험을 아빠들도 누렸으면 한다.

2014년 2월
양지연